历史的天空

中国历代才女

历 史 的 天 空

中国历代才女

李菁菁 编著

前　言

古往今来，人类浩瀚如烟的历史长河里，留下了一个个鲜活的面孔，他们或博古通今，或运筹帷幄，或指点江山，或忠君爱国，或遭人唾弃……他们铸就了历史的兴衰与荣辱，辉煌与悲怆。

几千年来的人类文明历史，因为有了这些著名的人物而变得丰富多彩，无论他们是正义抑或是邪恶的，都对历史车轮的前进留下了不可磨灭的印记。

英国哲学家弗朗西斯·培根曾经说过："读史使人明智"。历史蕴含着丰富的经验与真知，不仅仅是让读者学习其中的历史知识，更是希望他们通过阅读这些著名人物的故事，在充分了解昨天的基础上，把握好今天，充实自己的头脑，获得丰富的人生启迪，创造出更加美好灿烂的明天。

《历史上著名的才女》一书中描写了文史俱佳的才女班昭，乱世悲情蔡文姬，东晋女中名士谢道韫，唐代女诗人薛涛，旷世奇才李清照，宋代女词人朱淑真等等中国历朝历代的才女们，描写了她们传奇绚丽的一生和旷世而独立的才情。

古代，在"女子无才便是德"的封建社会中，长期的男权统治迫使女性丧失独立的人格，她们压抑自己的思想去顺从男性，无数女性被吞噬在无边的黑暗中。其中一部分女性以女人天性敏感和细腻，以女人的心胸和坚强!书写一篇篇动心的文字!

才子才女者，不须学富五车，但必是才高八斗。

学识和阅历皆后天养成，才华却是拜先天所赐。学识托起皓首穷经的鸿儒;阅历产生洞烛幽深的智者;而才华所造就的，则是天地间的精灵，高傲而睥睨一切，俯仰天地，自由灵动。学识可以复制，阅历可以复制，唯有才华不能复制。

这些才女们大多命运坎坷、令人唏嘘。但是她们的才华却犹如一颗颗划破夜空的流星，冲击和震撼着人心。

◆ 目 录 ◆

美女诗人——庄姜
美艳绝伦　　　　　　　9
贤良淑德　　　　　　　10
敢爱敢恨——卓文君
绿绮传情　　　　　　　12
吟诗劝夫　　　　　　　15
博通经史——班婕妤
宠冠后宫　　　　　　　17
团扇怨歌　　　　　　　19
史笔千秋——班昭
班昭续史　　　　　　　21
贤女明谏　　　　　　　22
名垂千古——蔡文姬
少女多才　　　　　　　27
早年丧夫　　　　　　　28
洛神倾世——甄洛
恪守孝道　　　　　　　34
倾世洛神　　　　　　　36
凤仪高迈——谢道韫
咏絮之才　　　　　　　38
屏风论道　　　　　　　40

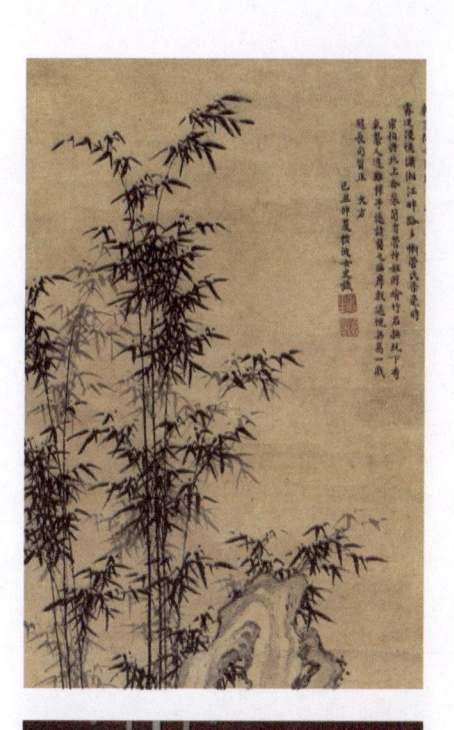

◆ 目 录 ◆

崭绝清巧——鲍令晖
才华横溢　　　　　　44
传世名篇　　　　　　46
风尘才女——苏小小
咏诗明志　　　　　　49
仗义解囊　　　　　　51
红颜宰相——上官婉儿
称量天下　　　　　　53
评点诗文　　　　　　56
女中诗豪——李冶
巧遇茶圣　　　　　　59
祸起诗歌　　　　　　61
蜀中才女——薛涛
校书雅名　　　　　　63
机智巧辩　　　　　　64
古代邓丽君——刘采春
歌声彻云　　　　　　67
商妇悲歌　　　　　　68
香消玉殒——关盼盼
一舞惊艳　　　　　　69
守节不移　　　　　　70

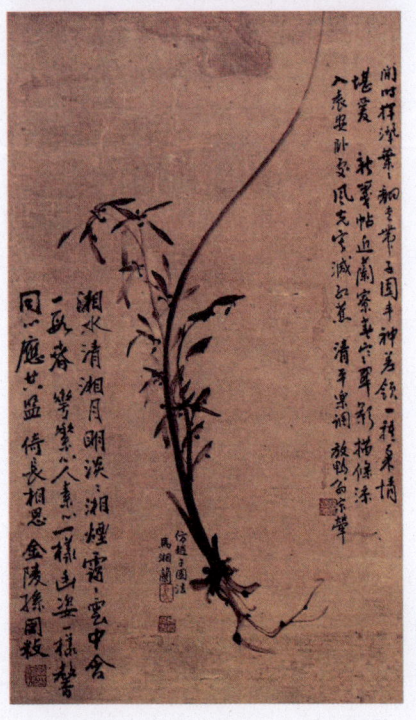

◆ 目录 ◆

美智无双——杜秋娘
曲惊四座　　　　　　74
宫闱之乱　　　　　　76

风华绝代——鱼玄机
亦师亦友　　　　　　79
身陷囹圄　　　　　　82

色艺双绝——李师师
歌喉婉转　　　　　　85
下落成谜　　　　　　87

词国俊杰——李清照
书香才女　　　　　　89
藏书名家　　　　　　91

巾帼侠骨——严蕊
文采风流　　　　　　95
颇有气节　　　　　　96

断肠英女——朱淑真
少女憧憬　　　　　　98
《断肠集》　　　　　102

才华盖世——管道升
书画双绝　　　　　　104
贤妻良母　　　　　　107

明敏多情——马湘兰
藐视权贵　　　　　　112
北上出仕　　　　　　115

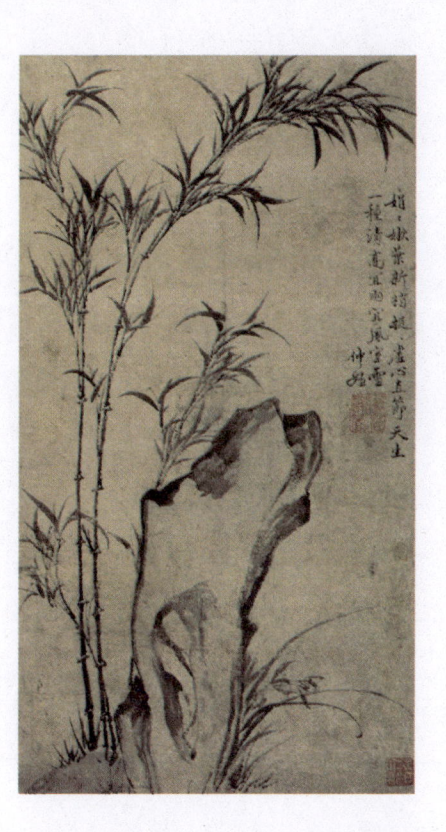

◆ 目 录 ◆

草衣道人——王微
结缘山水　　　　　118
才名传世　　　　　119

风骨嶒峻——柳如是
锦绣才情　　　　　122
晚年归隐　　　　　126

横波夫人——顾横波
赢得桂冠　　　　　131
传奇女子　　　　　132

明慧绝伦——卞玉京
生性冷傲　　　　　136
玉京道人　　　　　139

薄命红颜——陈圆圆
艳冠天下　　　　　140
遁入空门　　　　　144

慧黠多才——董小宛
神韵天然　　　　　145
厨艺超群　　　　　148

十能才女——薛素素
女侠英名　　　　　151
脂砚传奇　　　　　152

清代才女——顾太清
天资聪颖　　　　　154
名满清坛　　　　　157

美女诗人——庄姜

庄姜是齐国国君齐庄公的女儿,姜是齐国皇族的姓,因为嫁给了卫国君主卫庄公做夫人,人称庄姜。她出身高贵、美丽非凡且才气纵横,是中国历史上诸多美女的原型。宋人朱熹认为庄姜是中国历史上第一位女诗人,《诗经》中开篇五首诗《燕燕》《终风》《柏舟》《绿衣》《日月》都出自庄姜之手。

美艳绝伦

《诗经·卫风·硕人》中惟妙惟肖地描写了庄姜:"手如柔荑,肤如凝脂,领如蝤蛴,齿如瓠犀,螓首蛾眉,巧笑倩兮,美目盼兮。"

意思是说她的手指像草儿般柔软,雪白的皮肤像凝结的玉脂,她的脖颈像天牛的幼虫洁白润泽修长,牙齿像那瓠瓜的籽般整齐分明;她额头饱满,眉如弯月,浅笑盈盈,美

庄姜像

妙的眼眸顾盼生姿。

这首赞美诗出自卫国民众之口，是中国古代描写美女的开山之作。清代文学家方玉润曾经说过："千古颂美人者，无出'巧笑倩兮，美目盼兮'二语。"可见其影响之深广。无论是李白《清平调》中的杨玉环，还是曹植的爱情名篇《洛神赋》中的宓妃，那流盼的美目，亮丽的笑靥，都闪烁着庄姜永不流逝的风采。

庄姜的身份尊贵，出嫁后又贵为一国之后，在卫国人心中，她是国君最美丽的新娘。

《诗经·卫风·硕人》中还描写了庄姜出嫁时的壮观情景，黄河水浩浩荡荡，芦苇花洁白飘摇，送亲的队伍威武雄壮，高头大马昂首而立，马嚼上的红绡迎风起舞，庄姜就这样风风光光地嫁入卫国。但是她的夫君，卫国的国王卫庄公却脾气暴躁，而且与庄姜婚后无子，于是卫庄公又娶了陈国之女厉妫和她的妹妹戴妫。

庄姜逐渐受到冷落，长夜漫漫、深宫冷寂、孤枕难眠，只能在诗歌中寄托自己烦闷的情愫。在《终风》《柏舟》《绿衣》和《日月》等几首诗歌中，庄姜表露了自己不幸的生活状态，常常"耿耿不寐""忧心悄悄"。

贤良淑德

虽然夫君被美艳的妃嫔所迷惑，致使自己遭受冷遇，但庄姜始终以其宽厚贤德的品质待人。

孔子也曾赞美庄姜。《论语》中记载，一次子夏问孔子，古人描写庄姜"巧笑倩兮，美目盼兮"，何以如此美丽？孔子答："绘事后素。"意思是五彩斑斓的图画只有在白绢上才清晰明了。庄姜是美在她贤良淑德的品德，这种美才是美的真谛啊。如果没有美好的品德映衬的话，是无法展现出其真正的美的。她待庄公的妃子戴妫亲如姐妹，将戴妫的孩子视如己出。

庄公死后，戴妫的儿子桓公继位。不久，他就被庄公的另一个儿子州吁所杀。在这一连串残酷的宫廷争斗中，庄姜阅尽人世悲凉，心灰意冷。

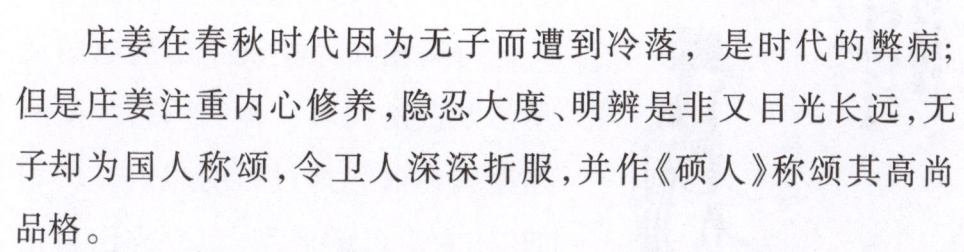

庄姜像

庄姜在春秋时代因为无子而遭到冷落，是时代的弊病；但是庄姜注重内心修养，隐忍大度、明辨是非又目光长远，无子却为国人称颂，令卫人深深折服，并作《硕人》称颂其高尚品格。

庄姜的美貌没有掩盖她的才华和品德所散发出的光芒。她以独特的魅力，带着她的绝世姿容和伤情往事，袅袅婷婷地伫立了千年。

敢爱敢恨——卓文君

一曲"凤求凰"敲开相知相爱的情感心扉；一首"白头吟"成就一生千古绝唱佳作；一个"文君夜奔"的故事演绎白首不相离的佳话。卓文君出生于富商巨贾之家，她十七岁丧偶后，世家公子争相向她求婚，她却慧眼识珠，看中了还是穷书生的司马相如。二人私奔后，当街买酒，安于清贫，而司马相如的才华终于得到武帝的赏识，成为西汉赫赫有名的大辞赋家。

绿绮传情

司马相如原是汉景帝的弟弟梁孝王刘武的门客，他因仰慕战国时期赵国的蔺相如过人的胆识，以"相如"作为自己的名字，也立志像蔺相如一样做出一番事业。梁孝王死后，司马相如回到老家，他跟临邛令王吉是旧相识，便到临邛去做客，受到王吉的礼遇。

卓文君是汉代临邛富商卓王孙

卓文君像

的掌上明珠。卓家原籍为邯郸，是著名的冶铁中心。卓家就以冶铁发家，后来迁徙到蜀地的偏僻小邑临邛定居，此时正值国家昌盛，社会安定，卓家已成巨富，华堂绮院，千顷良田，财富数不胜数。卓文君年方十七岁，十分貌美：眉若远黛，面似芙蓉，肤如凝脂，善音律，通棋画，文采斐然。她本来已嫁给皇室宗孙，谁料皇孙命短，匆匆辞世，于是文君新寡在家。

这天，临邛令王吉到卓王孙家赴宴，司马相如也在被邀请之列，只见宾客盈门。酒酣耳热之际，王吉捧琴至司马相如跟前说："闻君擅长琴技，请弹一曲，如何？"司马相如早已耳闻卓王孙的女儿美貌非凡，更兼文采，就当众弹了首《凤求凰》，意欲借琴音倾诉心曲，表达对卓文君的爱慕之情。

满堂宾客只闻得琴声如行云流水，却未能解曲中深意。司马相如自喻为凤，将卓文君比作凰，凤凰为鸟中之王，故此处以凤

司马相如故里

凰喻二人感情和谐美好之意。卓文君精通音律,司马相如以琴声求偶,正是高山流水终遇知音之意。

　　卓文君本已久慕司马相如之才,她在屏风后面听到司马相如的琴声,又领略到曲中求偶之意,不禁为他的风度和才情所吸引,怦然心动。宴会结束后,相如又通过文君的侍婢向她表明心意。当夜,卓文君赶到司马相如的旅舍,二人会面之后,彼此倾心,决心患难与共、生死相依。

　　但司马相如年少家贫,又未成就事业,他们的结合遭到了卓王孙的强烈阻挠。两人只好私奔,但无以为生计,生活陷入窘迫,只好回到临邛,把车马卖掉做本钱,当街开了一家酒坊。卓文君荆钗布裙,当垆卖酒;司马相如与伙计们一起提壶送酒,洗刷碗筷杯盘。"文君当垆""相如涤器"由此而来。

　　汉景帝之后,汉武帝继位。他爱好文学辞赋,提拔了东方朔等有名的文人大家在朝中从政。

　　一日,汉武帝读到司马相如的《子虚赋》,被文章中华美的辞藻与磅礴的气势所吸引,连声叹息说:"古人能写出这样的文章,真是才华横溢,可惜我与他无缘见面了。"这时,在汉武帝身边服侍的太监杨德意说:"陛下,这篇赋是今人所做,他正是奴婢的同乡司马相如,现在闲居在成都。"汉武帝听了十分惊喜,马上派人召司马相如来京。

　　于是,司马相如应皇帝的征召再次来到京师。他踌躇满志,颇有"春风得意马蹄疾,一日看尽长安花"之感。司马相如为皇帝呈上一篇《上林赋》,盛赞天子率众臣在上林狩猎的场面,气势磅礴,恢宏壮美,表现了盛世王朝的气象万千。汉武帝十分赞赏,拜司马相如为郎官。

后来，番邦局势不稳，司马相如向汉武帝上书，晓以大义，剖析利害，消除了巴蜀两地不稳的政局。汉武帝大喜。司马相如作为汉武帝的专使招抚了夜郎国归顺汉朝，偏远地区少数民族的首领见夜郎归顺了汉朝，也纷纷表示愿意归顺。汉武帝就封司马相如为中郎将，手持使臣符节，奉使西南。

司马相如不辱使命，顺利出使，受到皇帝的封赏，衣锦荣归，声势显赫地回到了成都，与卓文君会合后一路朝西南进发。经过临邛时，当地官员百姓深以为荣，夹道欢迎，卓王孙不得已，给了他们奴百人、钱百万，二人终于不用再为生计奔波劳碌了。

吟诗劝夫

司马相如与卓文君终成眷属，回到成都。司马相如为表达对卓文君的深深爱慕，写下了"凤兮凤兮归故乡，遨游四海求其凰"等诗句。后来，汉武帝下旨召司马相如进京，二人依依惜别。

司马相如在京城官场得意，卓文君则在成都独守空房，五年的时光转瞬即逝，文君在成都思念着千里之外的丈夫，盼来的却是写

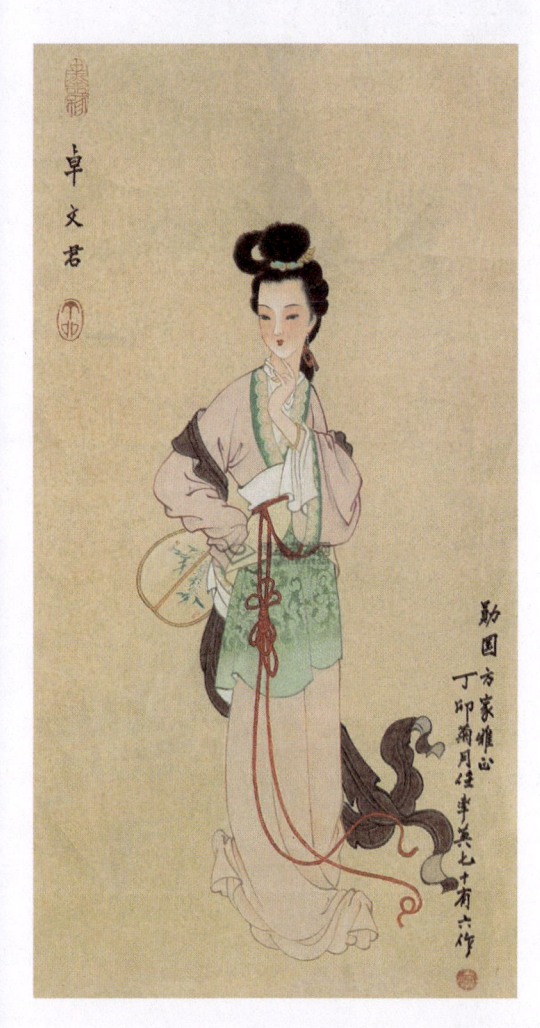

卓文君像

着"一、二、三、四、五、六、七、八、九、十、百、千、万"的家书。文君心思聪慧，看到信中的数字无"亿"，明白丈夫对她已无"意"。

她伤心之余，用这些数字写了一封回信："一别之后，两地相悬。说的是三四月，又谁知五六年。七弦琴无心弹，八行书无可传。九连环从中折断，十里长亭望眼欲穿。百思想，千系念，万般无奈把郎怨。万语千言说不完，百无聊赖，十倚栏杆。重九登高看孤雁，八月仲秋月圆人不圆。七月半，秉烛烧香问苍天，六月伏天，人人摇扇我心寒。五月石榴红似火，偏遇阵阵冷雨浇花端。四月枇杷未黄，我欲对镜心意乱。急匆匆，三月桃花随水转；飘零零，二月风筝线儿断。噫！郎呀郎，巴不得下一世，你为女来我为男。"

司马相如将这首诗反复翻阅，从中感受到妻子对爱情的执着，遥想昔日夫妻恩爱、患难与共，心中十分感念，亲自回到故里把文君接往长安。

卓文君像

博通经史——班婕妤

在汉代，班氏人才辈出，文武功勋，德行学问，都十分繁盛，先后出了班彪、班昭、班固、班超等多位或彪炳史册的史学大家或弃笔从戎的仁人志士。而班氏名人中还有一位以贤德著称的才女，这就是西汉成帝的妃子班婕妤，她不涉朝政、谨守礼教，深受世人敬慕，她还是中国文学史上以辞赋见长的女作家之一。

宠冠后宫

建始元年（公元前23年），汉成帝刘骜即位时年方弱冠，他生性好色，当时皇后许氏正值妙龄，才色皆佳，很受宠幸；但十余年后，色衰爱弛。班婕妤逐渐得到成帝的宠爱。

班婕妤是越骑校尉班况的女儿，姿容雅艳，文采斐然，庄重自持，行事端正，且文学造诣极高，常常能引经据典，劝诫圣驾。她曾诞下皇子，可惜数月后夭折。

汉朝时期，皇帝在宫苑巡游，常乘坐一种由两个侍从牵引，用绫罗绸缎装饰的"车辇"，而皇后妃嫔所乘坐的车子仅有一人

班婕妤像

牵挽。相传汉成帝为了能够与班婕妤享受一同出游的乐趣，命人制作了一辆较大的车辇。

班婕妤回绝道："看古代流传下来的图画中，圣贤的君主身旁陪侍的都是贤德之臣，只有夏、商、周三代的末主夏桀、商纣、周幽王，才由宠幸的妃子坐在身边，为了圣上的清名和国家的运势，恕我不能与圣上同车而行。"

成帝的母亲王太后听到班婕妤入情入理、颇有节制的回答，十分赞赏，对左右的人说："古有樊姬，今有班婕妤。"樊姬是楚国君主楚庄王的夫人，在楚国称霸以前，楚庄王生性放纵，喜欢游猎，无心朝政，樊姬多次劝阻也没有用，她一急之下不再吃禽兽的肉了，终于用她的意志和行动感化了楚庄王，使他改过自新。后来在樊姬的谏言下，楚国广开言路，重用贤能，终于成为"春秋五霸"之一。王太后把班婕妤与春秋时代楚庄公的夫人樊姬相提并论，是很高的肯定和褒奖。

汉鸿嘉三年（公元前18年），成帝微服出行，在阳阿公主府中见到一位舞姿曼妙、衣袂翩然的歌女，她不胜娇羞的面庞上神情淡然，视之令人怦然心动。成帝便向公主讨要此女。她就是后来和杨玉环并称"环肥燕瘦"的赵飞燕。

体轻如燕、能歌善舞的赵飞燕从此宠冠后宫。后来赵飞燕引荐她的妹妹赵合德，姐妹二人轮流侍寝，连夕承欢，此后姐妹"俱为婕妤，贵倾后宫"。许皇后失宠多时，便在冷清的寝宫中设置神坛，晨昏诵经礼拜，还请巫师作法，祈求皇帝多福多寿，也诅咒赵氏姐妹灾祸临门。此事被赵氏姐妹加以利用，借口许皇后诅咒皇室，向汉成帝进谗言，汉成帝一怒之下，将许后印绶收回，废居昭台宫。

赵氏姐妹还处心积虑地让班婕妤也牵连进此事。汉成帝质问班婕妤，班婕妤镇定自若地回答说："妾闻死生有命、富贵在天，这不是人力所能改变。修行正道尚且未必能得福分，邪门歪道又有什么希望？若是鬼神有知，又怎会轻信谗言？假如神明无知，诅咒又有何用！我非但不敢做，并且不屑做！"

汉成帝听她说得推心置腹，颇为感动，不予追究，且厚加赏赐。后来赵飞燕被封为皇后，赵合德被封为昭仪，权势盛极一时。

团扇怨歌

经过这件事，班婕妤已经厌烦了相互嫉妒、排挤陷害的宫中生活，主动请命到长信宫

团扇怨歌

侍奉王太后,汉成帝应允了。

在太后身边的生活平静但也不复往日的恩爱,班婕妤难免伤心,在诗中自比秋后的团扇,感叹道:"新裂齐纨素,皎洁如霜雪。裁为合欢扇,团团似明月。出入君怀袖,动摇微风发。常恐秋节至,凉飚夺炎热。弃捐箧笥中,恩情中道绝。"

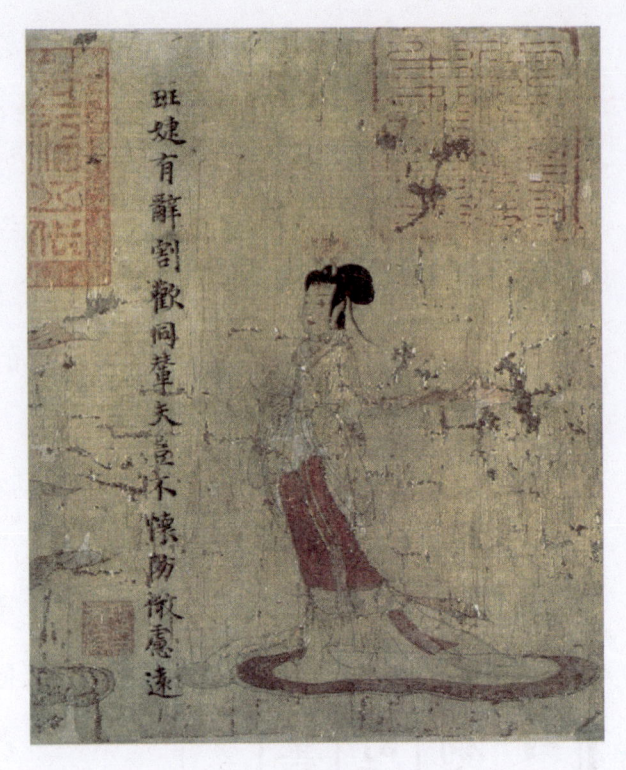

班婕妤像

团扇皎白轻盈,天热时主人时时捧在手中,一旦凉秋,就被弃置箱中。后世便以"秋凉团扇"比喻红颜薄命、佳人失势,又称"班女扇"。王昌龄《长信秋词》云:"奉帚平明金殿开,且将团扇共徘徊。"就描绘了班婕妤当时的苦闷心境。亦如纳兰性德的"人生若只如初见,何事秋风悲画扇。"

汉成帝驾崩后,班婕妤要求到成帝陵守墓以终其生。从此,在松风飒飒、香烟缭绕、冢形碑影中度过了孤单落寞的晚年,四十余岁时逝世,葬于成帝陵中。

史笔千秋——班昭

作为中国历史上第一位女史学家和文学家,班昭名留青史,光照人间。班昭,字惠班,出生于"家有藏书,内足于财"的显贵人家。父亲班彪,是东汉著名的史学和儒学大师。长兄班固,是东汉著名史学家、文学家,编撰《汉书》。二哥班超是弃笔从戎的志士,两次出使西域,成为打通"丝绸之路"的赫赫功臣,功封定远侯,拜西域都护,扬汉威三十余年。她帮助哥哥班固修《前汉书》,独立完成了《前汉书》中的第七表《百官公卿表》,第六志《天文志》。对后世影响深远的是她所写的《女诫》一书。她去世时,当朝的皇太后亲自素服举哀,为她行国葬之礼。

班昭续史

班昭的父亲班彪富有文采,是我国著名的史学家。他立志写《汉书》以承续司马迁的《史记》,并着手撰写我国第一部断代史《史记后传》,可惜只完成了六十五篇就病逝了。

班彪的儿子、班昭的长兄班固根据父亲的旧稿进行修改、补充,经过几十年的长期努力,至汉和帝永元元年(公元136年),一部始于高祖创业、终至王莽覆亡的《汉书》大体得以完成。但因为班固是征讨匈奴大将军窦宪的谋士，征讨匈奴获得胜利回朝后，因汉和帝以"族党太盛"的罪名加害于大将军窦宪，逼令其自杀。班固也受到株连，他倾尽毕生之力欲成就的《汉书》最后也没有完成，便于公元92年死在狱中。

汉和帝早耳闻班昭才气过人，就下诏让班昭继续编写《汉书》，班昭继承父兄未竟的事业，欣然应召。她在班固在世时就参与了《汉书》的编纂，后来又得到汉和帝的恩准，可以到东观藏书阁参考典籍，班昭夙兴夜寐、废寝忘食，在藏书阁阅读了大量史籍，整理、核校父兄遗留下来的散乱篇章，并在原稿基础上补写了八表：《异姓诸侯王表》《诸侯王表》《高惠高后文功臣表》《景武昭宣元成功臣表》《外戚恩泽侯表》《百官公卿表》《古今人表》和《天文志》。

其中第七表《百官公卿表》，第六志《天文志》是班昭独立完成的，尤其是《天文志》，文辞深奥，当时的文字没有标点符号，全靠自己断句，连当时著名学者马融也无法读断，遂求教于班昭而得以诵读。但班昭仍然在这两章上署上哥哥班固的名字。

在她四十岁的时候，终将《汉书》完成。《汉书》是凝聚了班氏两代人的心血，故世人又称《汉书》为"班史"。《汉书》出版以后，世人轰动，学者争相传诵，这是我国的第一部纪传体断代史，与《史记》齐名，人们都赞颂它语言简练、记叙完备。

贤女明谏

汉和帝驾崩，皇子刘隆生下来才一百天，就嗣位为汉殇帝，邓太后临朝听政；不到半年，殇帝又卒，于是以清河王刘祜嗣位为汉安帝，安帝才十三岁，邓太后仍然临朝听政。

因为班昭博学多才,决断政事不输于男子,安帝年幼,邓太后就把班昭作为治理国家很得力的左膀右臂。班昭也不辱使命,发挥了自己的聪明才干。当时太后的兄长邓骘担任大将军的职位,颇受朝廷的倚重,后来他的母亲过世,邓骘上书离职回家守孝,太后很犹豫,问班昭应该怎么办。

班昭谏言道:"大将军一生战功累累,如今功成身退,现在正是时候啊。如果边陲的战乱再起,大将军若稍有差池,一世英名就都付诸流水了。"这段话表明班昭的见识高于常人,因为邓骘归丧,既可成全其孝名,又能赢得谦退的赞誉,所以邓太后就接受了班昭的意见,批准了邓骘的请求。

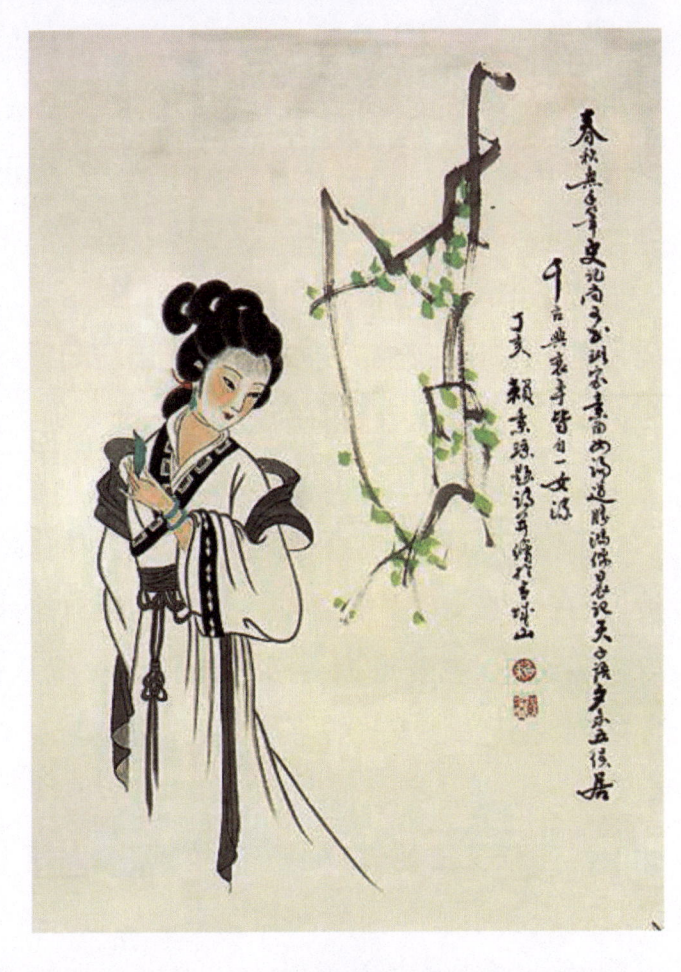

班昭在续写和整理《汉书》的过程中,显露出超人的才华。她严谨的治学精神和精深的学识,受到东汉皇帝的赞誉和尊重,被宣进宫任女官。皇帝命令皇后嫔妃,都以师礼待班昭,因其丈夫姓曹,当时人们把学识高、品德好

班昭像

的妇女尊称为"大家",于是尊称其为"曹大家"。她进宫后,向皇后、嫔妃传播儒学经典、天文算术等,深受尊敬。

东汉时期,儒家理论逐渐渗入社会思想意识领域,对妇女生活产生了深远的影响。班昭虽然是女性中的才女,但受当时男尊女卑观念的影响而成为儒家妇女观的推崇者。她因担心女儿"不渐训诲,不闻妇礼,惧失容他门,取耻宗族",撰写了《女诫》,分为《卑弱》《夫妇》《敬慎》《妇行》《专心》《曲从》《和叔妹》七篇,规范了妇女的日常行为和社会角色,充满了自我压抑的色彩。

按照班昭在《女诫》中的说法,女人天生"卑弱"所以必须以男为尊,以夫为尊,要心甘情愿地接受丈夫之"御",处处都要以"妇行"规范自己,要谦让,要顺从,要牢记其夫对己之"恩"等。如此这般的女子,哪里还有独立、自尊、平等的人格可言呢?

这本书本是用来教育自家女儿的家训之书,却由于班昭气韵含蓄、行止庄正、文采飞扬而流传坊间。一时间,《女诫》风行于世,被历代统治者赞誉为"足为万世女则之规",其影响延续了千年。

班昭的二哥班超富有学识,胸有大略,他年幼时就以张骞为楷模,在异域闯出一番事业。东汉明帝永平十六年,班超听闻匈奴侵犯边境,烧杀抢掠,他愤然而起,投笔从戎,开始了他"平生怀仗剑,投笔事戎轩"的一生。西汉末年至王莽时期,西域分裂成多个小国,匈奴乘虚而入,控制了这一地区,著名的丝绸之路由此中断。东汉王朝失去了玉门关、阳关以西大片国土,被迫中断了与西域和中亚各国的交往联系。

不久,班超奉命出使西域。他将实力弱的民族联合起来,团

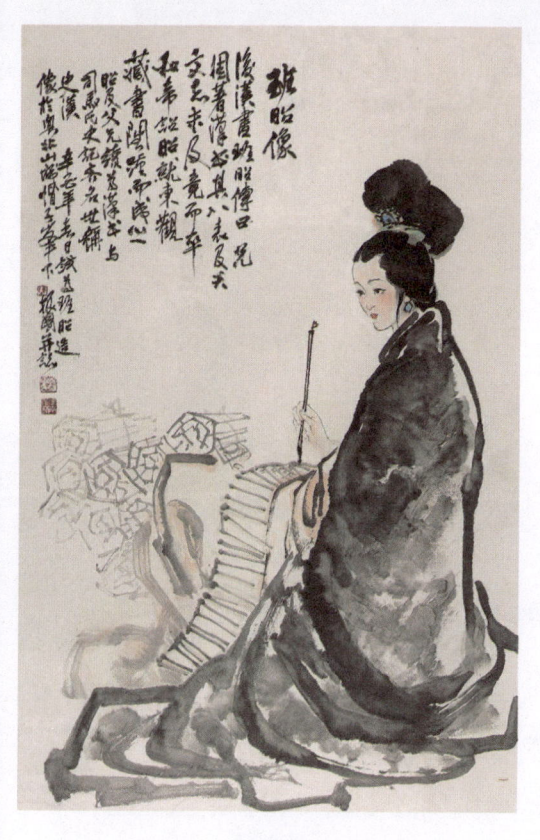

班昭像

结抵抗暴力侵犯，同西域五十多国建立了友好邦交，瓦解了匈奴对汉朝的威胁和骚扰，再次打通了丝绸之路。汉和帝以班超"不动中国，不烦戎士；得远夷之和，同异俗之心"的功劳，升他为西域都护，封为定远侯。班超还派使者出使西方，加强了东西联系，功劳至伟。

班超在西域三十年，苍野荒漠、烽堠边关的生活和多年的"胸胁疾"，已将他折磨得"头发无黑，两手不仁，耳目不聪，扶杖乃能行"。公元100年，已经六十九岁的班超给和帝上书："臣不敢望到酒泉郡，但愿生入玉门关。"表明了自己落叶归根之情。然而朝廷三年都没有理会。

班昭愤而代兄长向朝廷上书《为兄超求代疏》，请求恩准兄长返回故土。她写得情笃意切，感人至深。奏疏意思是说，我私下听闻古时候十五岁参军，六十岁就可以回家，也可以不担任职务。所以我冒死为班超请求，希望他能够活着回来，可以再一次在朝廷上看见他，使国家不再担忧西域突发暴乱，班超也能够长久地受到您的体恤，就如同文王葬骨、子方哀老一样。这篇合情合理的奏疏被呈给汉和帝阅览，皇帝也为之戚然动容。于是派遣

戊己校尉任尚出任西域都护接替班超，恩准班超从边关返乡养老。

史学上极为辉煌的巨著《汉书》终于在班昭这个才女的手中完成，女子修史，这个壮举可以说是空前绝后。

后人对《汉书》评价极高，相传北宋诗人苏舜钦，性格豪放不羁，善饮酒。他时常边读《汉书》边喝酒，当他读《汉书·张陈王周传》时，读到张良行刺秦始皇的大铁锤砸在秦始皇的随从车皇的随从车上时，叹息道："真可惜呀！"于是满满喝了一大杯。又读到张良说："自从我在下邳起义后，与皇上在陈留相遇，这是天意呀。"他又拍案叹道："君臣相遇，如此不易！"又喝下一大杯。兴之所至，一晚上居然能喝一斗酒。他的岳父杜祁公听说后，大笑着感叹说："有如此下酒物，一斗也并不算多啊。""汉书下酒"从此成为一个风雅的典故。

班昭像

名垂千古——蔡文姬

蔡文姬,名琰,原字昭姬,晋时避司马昭讳,改字文姬,为汉末著名学者蔡邕之女,蔡文姬自小就"博学有才辨,又妙于音律"。由于生逢东汉末年的乱世,她一生三嫁,两度生离死别,命途多舛,饱经乱世沧桑。

少女多才

东汉时代,外戚弄权,宦官乱政,但士族大夫依然受到广泛尊崇。蔡文姬生长于官宦之家,她父亲蔡邕是东汉名士,修养广博,书法与文采齐名,又精通音律,善制古琴。蔡家藏书多达四千卷,藏书之丰,称冠当时,蔡家可以说是"谈笑有鸿儒,往来无白丁"。

蔡邕有把"焦尾琴",据说是他有次看到吴人用梧桐木烧火做饭,听到炉膛中木头燃烧爆裂的声音,知道这块木头是做琴的好材料,就跑到厨房从火中抢出这块木料,晾干,去掉焦皮,调音律,终于制成一面音色绝美的古琴。由于这段琴材的一端已被烧焦,遂称为"焦尾琴",位列中国四大名琴之一。

蔡文姬六岁时,蔡邕在家中弹琴,忽然琴弦断裂,室内的文

姬听到琴音变调,就对父亲说:"父亲,第二根琴弦断了。"蔡邕惊讶之余,又存心想试试女儿在音乐上的造诣,就故意弄断第四根琴弦,文姬一听便知。父亲问她何以辨认出来,文姬说:"父亲常说,古人季札听琴声,能预知国家的兴亡,师旷听琴声,能判断战场上的胜败,女儿时常听琴音,自然能分辨得出来。"

汉灵帝时,蔡邕曾仔细校对古籍,发现经籍中有多处错误,他就引经据典,查找出处,逐一订正并镌刻在石碑上,立在大学门外,供学生观摩学习。石碑上所刻的蔡邕的书法章法自然、笔力古朴、跌宕有致。梁武帝曾称赞:"蔡邕书,骨气洞达,爽爽如有神力。"

在父亲的悉心教导下,文姬自幼研摩书法,慧心灵腕集于笔端,少年时便已尽得父亲真传。她的书法飘逸而不失庄重,十四岁时便成了远近闻名的才女,德爱礼智,才兼文雅。时人但知有文姬,方知有蔡邕。

早年丧夫

蔡文姬成年之后,应父母之命,嫁给祖籍河东的太学生卫仲道,二人琴瑟和谐,相爱甚笃,可是才不过一年丈夫突然病故,公婆怪她无子并且克夫,将她赶回娘家。蔡文姬又回到了洛阳的蔡府,她埋首于书卷,整日弹琴谱曲、挥毫练字,她既怀念与丈夫曾经共度的美好时光,也为自己的不幸遭遇暗自垂泪。

东汉末年,朝廷腐败,各地烽烟四起,地方势力迅速扩大,董卓进军洛阳,把持朝政,为巩固自己的统治,刻意笼络颇有名望的蔡邕,将他的官职一日之内连升三级。后来王允设计,董卓伏诛,蔡邕为之叹息。王允大怒:"董卓倾覆汉室,实为汉贼,蔡邕身为汉臣,居然为叛国贼悲伤,一定是董卓的同党。"坚决要将蔡邕处死,蔡邕请求接受黥首刖足之刑,期望以病残之躯完成《汉史》的编纂工作,士大夫也多爱惜他的才华,向朝廷请命,免去他的死罪,最终还是没有成功。

公元195年,董卓部将李傕、郭汜等人作乱关中,属国南匈奴趁机劫掠,无依无靠的蔡文姬也被匈奴左贤王掳走。蔡文姬的《悲愤诗》深刻地描绘了战乱带给百姓的痛苦。被掳走后,蔡文姬被迫前往边荒之地。一路上经受了数不清的辛酸屈辱,"或便加棰杖,毒痛参并下。旦则号泣行,夜则悲吟坐。欲死不能得,欲生无一可。彼苍者何辜,乃遭此厄祸。"

袁绍落败,中原初定,一代枭雄曹操已称霸北方,他曾与蔡邕关系要好,势力稳固后,想起蔡邕还有个女儿流落匈奴,就派使者带上黄金千两和白璧一双,到匈奴交换蔡文姬回中原。这时的蔡文姬已经在匈奴生活了十

蔡文姬像

二年了,并生育了两个孩子。使者的到来,让蔡文姬身陷两难境地,一边是母子亲情,一边是故土家园。她回归汉朝后,写下了哀怨惆怅、令人断肠的琴曲《胡笳十八拍》,表达了对留在匈奴的尚未成年的儿女的思念。

"十六拍兮思茫茫,我与儿兮各一方。日东月西兮徒相望,不得相随兮空断肠。对萱草兮忧不忘,弹鸣琴兮情何伤。今别子兮归故乡,旧怨平兮新怨长。泣血仰头兮诉苍苍,生我兮独罹此殃。"诗人将发自内心的恋子之情展现于笔端,读来令人唏嘘,感人肺腑。

蔡文姬自朔漠归来以后,在曹操的安排下嫁给了屯田都尉董祀,蔡文姬曾事二夫,又经颠沛流离,还时常思念留在胡地的两个儿子。而董祀正值人生壮年,通书史,谙音律,碍于曹操的安排,勉强接纳蔡文姬,因此二人的婚姻生活中总有些无奈之感。时隔不久,董祀犯法,被判处死刑,文书已经下达了,蔡文姬十分焦急,连忙跑到魏王府求见曹操,为丈夫求情。

当时大臣、名流学士以及外地使节都坐在大殿里,曹操对他

蔡文姬像

的客人们介绍说:"蔡邕的女儿曾在胡地流落多年,如今她就在门外,我请诸位见一见。"

时值隆冬季节,曹操看到蔡文姬蓬头垢面,袒露双足,心中十分不忍,命人取过头巾鞋袜为她换上。

蔡文姬跪在曹操面前为丈夫磕头请罪,说话诚恳,语气真挚酸楚,众人也深深地同情她。

曹操说:"你说的情形的确值得同情,但是降罪的文书已经发下去了,怎么办呢?"

蔡文姬说:"明公厩马万匹,虎士成林,现在只需要派一名勇士,一匹快马,就能挽救一条被冤枉的性命,大王为什么不这样做呢?"曹操深以为然,于是派人追回文书,赦免了董祀的罪。

从此以后,董祀感念妻子的恩德,二人归隐山林,沿着洛水而上,居住在松林浅唱,泉水低吟的山林中。

曹操曾在一次闲谈中,对蔡文姬表示出蔡邕家中曾经藏书丰厚,很想一观。蔡文姬说经过战乱流离,藏书已经全部遗失,但还能背出四百篇,于是她凭记忆全部默写出来,文无贻误,足见蔡文姬才情之高。

《胡笳十八拍》在文学史上具有一定的地位,我们仿佛看到孤烟直冲云霄的大漠中,一个思念故土的女子在自弹自唱,琴声正随着她的离愁别绪飘散在远方。明人陆时雍在《诗镜总论》中称"蔡文姬才气英英,读《胡笳吟》,可令惊蓬坐振,沙砾自飞。真是激烈人怀抱"。

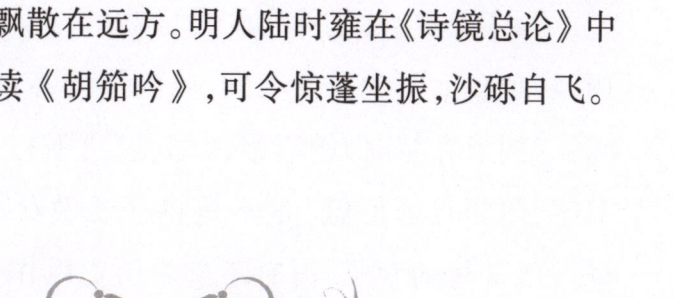

洛神倾世——甄洛

在三国群雄逐鹿的时代，不乏千娇百媚的女子的身影——深明大义的貂蝉、倾城绝世的小乔、美艳动人的大乔，还有一位不得不提及，她就是三国时期魏文帝曹丕的皇后——甄洛，字嫦娥，又名甄宓，懂诗文，貌艳丽，是三国时代的著名美女，著有《甄皇后诗选》。后被郭女王（文德郭皇后）所谮而被曹丕赐死，死后谥曰文昭皇后。

甄洛的父亲是上蔡令甄逸，母亲张氏以美貌著称。甄逸夫妇的八个子女中，甄洛排行最小，但是最为出色。相传每晚就寝时，家人总是隐约看见有人手持五彩玉衣覆盖在她身上，甚为讶异。后来有个著名的相士刘良为甄家子女看相，看到甄洛的时候，大惊失色，说："这个女孩日后贵不可言。"

甄洛八岁时，屋外有骑马做戏的，兄弟姐妹都挤到阁楼上观望，唯独甄洛不动。众人问她，甄洛回答："这岂是女子看的东西吗？"到了九岁时，她喜爱读书，过目不忘，常用哥哥们的笔砚来写字，哥哥笑着问她，是不是将来要做女贤者呢，甄洛回答："听说古代贤德的女子，没有不学习历史以作为前车之鉴的，不读书又怎么知晓这些道理呢？"

东汉末年战乱频繁,田地荒芜,民不聊生。洛阳士族百姓都流离失所,不得不变卖金银首饰换取食物。而甄家富有,粮食储备充足,便出卖谷物,大量收敛珠宝金银。

甄洛时年十岁,向她的母亲进言道:"时逢乱世,聚敛财富很容易受到盗匪的注意,引火烧身,况且这些金银都是从走投无路的百姓手中得来,这是失仁义于天下啊,不如把粮食拿来赈济乡里,给他们以恩惠。"家人采纳了她的意见。

甄洛对长辈孝顺,对兄弟姐妹友爱,在她十四岁时,哥哥离世,嫂嫂寡居,照顾孩子,十分辛劳。甄洛的母亲生性严苛,甄洛就向母亲叙说嫂嫂的辛苦,甄洛的母亲被女儿的话所感动,像对待亲生女儿那样对待儿媳。

容颜秀美,才情卓绝的甄洛芳名远扬。时任冀州牧的袁绍得知,便让自己二儿子袁熙求娶她为妻子。婚后袁熙北上幽州,留她在邺都侍奉老人。

建安五年(公元200年),曹操与袁绍各率军队相持于官渡。曹操奇袭袁军在乌巢的粮仓,一举击溃袁军主力,袁绍大败。不久,曹操兵围邺城,邺城副将苏由投降。他对曹操进言,袁绍的儿媳甄洛就留在邺城。曹操的二儿子曹丕听闻甄洛是位风华绝代的佳人,就率军众到袁府,只见堂上端坐着一位气度不凡的老妇人,一名女子伏在

甄洛像

妇人的膝上,瑟瑟发抖,满脸污浊却难掩天姿国色,年长的妇女就是袁绍的妻子刘夫人,曹丕让甄洛抬起头来,甄洛没有听从。刘夫人捧起甄洛的脸来,曹丕一看果然艳丽绝伦。曹操便把甄洛许给曹丕为妻,婚后甄洛生下了儿子曹叡和女儿东乡公主。

甄洛是位贤淑的女人,对曹丕的妾室以礼相待。曹丕要把一位小妾任氏赶回娘家,说:"任氏性格不够温婉柔顺,所以将她赶走。"甄洛听后哭着为其求情:"任氏出身乡党名族,无论品德还是容貌,我都比不上她,天下皆知大王对我宠爱,您要是将任氏赶走,大家都会认为是因我的缘故,将会有损大王的清誉啊!"她还劝说曹丕广纳妻妾,延育子嗣:"昔日黄帝子孙众多,得以从中选出德才兼备的继承人,如今大王也应该多选佳丽,为您增添子嗣。"

曹丕像

恪守孝道

建安十六年(公元211年),曹操带着甄洛的婆婆卞夫人出征,曹丕夫妇留守邺城。出征途中卞夫人染病,留在孟津治疗,甄洛主动要求前去侍奉,邺城孟津两地相距四百余里,又有黄河天险,曹丕不让她去,她心中焦急,日夜啼哭。

后来从孟津回来的士卒禀报说卞夫人已经康复了,可是甄洛说:"婆婆在家的时候,生病总是久延不愈,如今在行军途中患病,如何能够马上就好,这不过是安慰我的话罢了。"曹丕只得派人去往孟津,由卞夫人亲自写下书信一封,甄洛才放心。

第二年正月,曹操大军返回邺城,甄洛前往迎接。当远远看见卞夫人所乘的轿子时,甄洛就欣喜得流出泪来。卞夫人见状十分感动,说:"我知道你担心我的身体,我只不过是小病而已,现在已经痊愈了。"此后卞夫人逢人便说甄洛的孝顺。

四年后,曹操再次率大军东征,恰逢甄洛患病,不能一同前往,只得留在邺城。卞夫人、曹丕以及甄洛的一双儿女随行。一年后,大军才返回邺城。卞夫人看到久别重逢的甄洛风姿饱满,容光焕发,问她:"你与儿女分别日久,定当十分想念,但现在看你姿容更胜从前,这是为何?"甄洛笑着解释道:"孙儿们时时陪伴在奶奶的身边,您老人家照顾孩子妥帖稳当,我没什么担心的。"

甄洛貌美,风姿异于常人,在修饰妆容上也是别出心裁。相传在她的宫殿里有一条绿色灵蛇,口中含着一颗朱红色的宝珠。每天甄洛梳头时,这条灵蛇就在甄洛面前盘成发髻的形状,甄洛就从它盘曲卷绕的姿态中学习新发型,从此甄洛的发型每天都不同,被称作"灵蛇髻"。妃嫔宫女也想依样装扮,只是十分美丽只能模仿到一两分。

建安二十五年,曹操病逝,曹丕继承了魏王王位和丞相之职。同年十一月,曹丕登基称帝,建立魏朝。曹丕称帝后,一直犹豫要立正妻甄洛为皇后还是是立贵嫔郭女王为皇后,所以皇后的位置一直空悬。

郭贵嫔,字女王,据说她从小言谈举止出众,因此在兄弟姐妹之中最为父亲看重,说她有"女中王"的气度,为她取字为

"女王"。此时,郭女王和曹丕一起居于洛阳,但甄洛却远在邺城。分居两地,难免感情疏离,甄洛也明白自己的处境恶劣,心中幽怨,于是寄情于笔墨,写下了《塘上行》。

为了争夺后位,郭女王利用甄洛的儿子曹叡是不足月生下来的,诬陷甄氏说她嫁与曹丕时已经怀有两个月的身孕,曹丕询问甄洛,甄洛本就对曹丕宠爱新欢心怀怨愤,又听说此事是郭女王背后唆使,便怒斥曹丕,无缘无故怀疑自己的亲骨肉。曹丕十分气愤,由洛阳派使者前往甄洛独居的邺城宫殿,逼她自尽。次年立郭氏为皇后。到了公元226年,魏文帝死,曹叡即位为魏明帝,才为他的生母平冤昭雪,追谥"文昭皇后"。

古代洛阳模型

倾世洛神

曹操与曹丕在外连年征战,曹丕的弟弟曹植年纪尚幼,甄洛时常教授曹植读书写字,陪他玩耍。甄洛死去后,曹植到洛阳朝见兄长,曹丕将甄洛使用过的一个盘金镶玉枕头赐给他。曹植睹物思人,不免感怀。

在返回封地的途中经过洛水,夜宿舟中,朦胧之间,仿佛远远看见甄洛凌波御风而来,忽然惊醒,原来是南柯一梦。回到鄄城,他文思泉涌,写了一篇《感甄赋》,这就是后来流传甚广的《洛神赋》。

赋中写他经过洛水,与洛水之神宓妃相遇并互生爱慕之情,终因天人殊途,终于分别。文中描述:我在洛川河边,停车饮马,漫步湖畔的树林,洛神宓妃从天而降,她面容皎洁如朝霞,体态轻盈若飞鸿,身姿矫健似游龙;容颜鲜明像秋菊,青春年华似青松。我顿生爱慕之情。于是我托水波传达心意,寄玉佩以定情。洛神被我的真情所感,与我缠绵许久。但终因人神殊途,结合无望,无果而终。只有如此清新之辞藻,才堪配如此出尘之洛神,只有如此飘逸之洛神,才堪配如此灵慧之甄洛。在曹植的心目中,逝去的甄洛已经永远化为圣洁无瑕的仙女。

曹植墓

凤仪高迈——谢道韫

在东晋士族中，王、谢两族是北方最大的士族，世代繁盛，频出才子，登堂入室，成为朝廷的中流砥柱，有"山阴道上桂花初，王谢风流荡晋书"的说法。谢安以显赫的战功闻名于世，王导则以中庸之道安身立命，谢道韫就出自王、谢两大家族中的谢家，她是宰相谢安的侄女，父亲是安西将军谢奕。她嫁给了书圣王羲之的儿子王凝之为妻，才子佳人，门当户对。谢道韫才气逼人，犹精书法，豪壮清朗，颇有林下之风，在她身上最为突出地展现出了"谢家风范"。

咏絮之才

谢道韫因一句咏雪名传后世，文人墨客争相引用，曹雪芹《红楼梦》第五回"金陵十二钗正册判词"云："可叹停机德，堪怜咏絮才。玉带林中挂，金簪雪里埋。"用的就是谢道韫与谢安对答的典故。

一个寒冬，北风正紧，雪花纷飞，谢家子弟围坐在暖炉旁谈诗论文。雪虐风饕，越下越大。谢安问道："这漫天飞雪像什么呢？"

侄儿谢朗说:"撒盐空中差可拟。"

侄女谢道韫讪笑道:"未若柳絮因风起。"简单一句,让哥哥的形容黯然失色。谢安十分高兴。此后,常常用"咏絮之才"来形容才思敏捷的才女。

在谢道韫少女时代,一次谢安问她:"《毛诗》中何句最佳?"谢道韫答道:"诗经三百篇,莫若《大雅·嵩高篇》云,吉甫作颂,穆如清风。仲山甫永怀,以慰其心。"这首诗表达的是周王朝老臣忧心国事的咏叹。"吉甫作诵"是说周朝的贤臣尹吉甫写的"丞民之诗","穆如清风"是说像清风那样有滋养万物的雅德。周宣王的卿士仲山甫,帮助周宣王成就了中兴之治。该句词句清丽,传诵甚久。谢安大赞谢道韫"雅人深致"。这一赞看似平凡,实则不凡。

谢安乃诗仙李白唯一欣赏的人物。他决战淝水,挥洒朝堂,自甘淡泊,世人皆想求得其赞誉而不能,能得其一赞足以荣耀终身。

从此谢安心中一直留意,一定要给自己这位灵慧的侄女物色一位相配的夫婿。世人皆知王家子弟个个才华出众,谢安本来属意王羲之的第五子王徽之,但王徽之的一件往事使谢安改变了主

谢道韫像

意：一天晚上，王徽之望着皎洁无边的月色，一边喝酒一边吟咏左思的《招隐诗》，忽然想与老朋友戴逵一聚，于是立即泛舟剡溪，往戴逵家中驶去。

终于，在夜半的时候到了戴逵的家门口，却又意兴阑珊，转身返家了。旁人很纳闷，他说："乘兴而来，兴尽而去"。谢安担心王徽之是一个随心所欲、容易改变心意的人，因而选择了他的哥哥，王羲之的次子王凝之做他的侄女婿。

谢道韫像

屏风论道

谢道韫嫁入王家后，恪尽妇道，尊贤爱幼，得到王家上下的喜爱。晋代清谈之风盛行，燃香烹茗，果肴清酒，便可以天南地北地谈论不休，有时大家闺秀也参与其中。汉代以来尊崇儒家，所以女子参与清谈，常张设青绫幕幛，置身于帷幕之后，不见美人娇面。

有一次，王凝之的弟弟王献之与友人辩论，正在理屈词穷之际，谢道韫经过听到了，她差遣婢女出来说："愿意替献之解围。"她引经据典，侃侃而谈，客人皆叹服。谢道韫有此气度也是受到叔父谢安的影响，谢安身为大将，往往泰山崩于前而面不改色。淝水之战时，他端坐家中与人下棋，前方捷报频传，他自岿然不动，直到棋局结束。

不过谢道韫嫁给王凝之后，对丈夫还是有点恨铁不成钢的感觉。一次，谢道韫回娘家，神色之间流露出寂然的神态，谢安问她："王家名门望族，王凝之也算是青年才俊，你为何闷闷不乐呢？"道韫怅然道："一门叔父，有阿大中郎。我的兄弟中也有封胡羯末四大才子，王郎跟你们相比真是天壤之别啊。"谢安颓然长叹。

谢道韫出生在一个人才济济的家族，父亲安西将军谢奕风流不羁，颇有才气。阿大指谢安，文韬武略，一世风流。中郎指西中郎将谢万，手握重兵，威震一方。在谢道韫的兄弟中，有封胡羯末四大才子：封是谢万的儿子谢韶的小名，曾率兵打胜了史上著名的淝水之战，有力挽狂澜之能，把大秦名将苻坚的百万人马打得全军溃退。胡为谢朗，官拜东阳太守，少有文名，涉猎广泛。羯是谢玄，为著名将领、文学家、军事家，善于治军，有经国才略。末是谢川，虽然早夭，也以文采闻名。谢家子弟，个个可称芝兰玉树。但满门才俊，也常拜谢道韫下风，所以谢道韫才发出如此感叹。

王凝之在谢安的保荐下，曾出任过江州刺史、左将军，后来升迁至主管一郡军政大权的会稽内史。一年后，天师道首领孙恩和卢循从海岛进攻会稽，王氏家族世代信奉天师道，迷信的王凝之闭门祈祷，对手下的守兵说："我已请来了道行高深的仙人，借来鬼兵把守海港要地，城

谢道韫像

池可保无虞,你们无需担心。"结果敌军进攻的时候,王凝之的部下毫无戒备,全军大溃,王凝之和他的子女也被贼兵杀害了。

谢道韫命令婢仆执刀仗剑,乘乱突围出城,手刃贼兵数人,终因寡不敌众,被贼兵俘虏,谢道韫怀抱小外孙被押送到孙恩的面前,孙恩以为他是王氏子孙,命令左右将他杀死。

谢道韫厉声说:"事在王门,何关他族?此小儿是外孙刘涛,如必欲加诛,宁先杀我!"孙恩早听说谢道韫的才名,见她义正词严,毫无惧色,心中敬佩,不但不杀她的外孙,还命属下护送她们祖孙二人返回故里。

谢道韫像

从此谢道韫寡居会稽。会稽文风兴盛,常常有好学子弟向谢道韫请教学问。谢道韫就在厅堂之上架设一个素色的帘幕,她端坐其中,解答莘莘学子的疑问,从事着传道、授业、解惑的工作,学生都以师道尊之。

新到任的会稽太守刘柳久仰谢道韫的大名,邀请她一起谈话。谢道韫素知刘柳之名,欣然应允。她准备了礼物,整肃了衣服,坐在远远的另外一张榻上,"丰韵高迈,叙致清雅,先及家事,慷慨流连,徐酬问旨,词理无滞"。

刘柳大为叹服,说:"内史夫人风致高远,词理无滞,诚挚感人,一席谈论,受惠无穷。"

在当时的时代,能够与谢道韫相提并论的只有同郡的张彤云,也是久负盛名的才女,家世虽不及谢家显贵,才情却难分伯仲。

有一个叫济尼的人,频繁出入王、顾两家,有人问他,谢道韫与张彤云谁更出色,济尼说道:"王夫人神清散朗,故有林下之风;顾家妇清心玉映,自有闺房之秀。"

"当时咏雪句,谁能出其右。雅人有深致,锦心而绣口。此事难效颦,画虎恐类狗。"谢道韫的咏雪名句后人难以企及。

谢王两家在晋朝消亡之后,仍风光数载,直到梁武帝时大枭雄侯景向两族求婚因门第被拒绝,拥兵造反时将王谢两族灭族。王谢两家的数代风流到此中断,只留下刘禹锡的一首"旧时王谢堂前燕,飞入寻常百姓家"让后人怀咏。

崭绝清巧——鲍令晖

鲍令晖是南朝宋齐两代唯一留下作品的女文学家。她出身贫寒,诗文俱佳,她的兄长鲍照与颜延之、谢灵运合称"元嘉三大家"。鲍照在回忆生活境况时说:"臣北州衰沦,身地孤贱。"又说:"束菜负薪,期与相毕。"说他们一家要自己挑柴捆菜维持生活,过着清贫的日子,只有妹妹鲍令晖与鲍照朝夕相伴,因此兄妹之间感情深厚。

才华横溢

鲍令晖的诗才虽不及兄长鲍照,但鲍照却与宋孝武帝有过这样一段对话:"臣妹才自亚于左芬,臣才不及左思。"左思是写就《三都赋》而使"洛阳纸贵"的晋太康文坛大家。左芬是左思之妹,写有《离思赋》《啄木鸟》等文。

鲍照此言虽是自谦之语,却把鲍令晖与左芬相并而提,并引以为傲。鲍令晖的作品中广为传诵的多是拟古之作,述说思妇别离之情,清婉朴实,真挚感人。中国南朝文学批评家钟嵘在所作《诗品》中评鲍令晖诗:"崭绝清巧,拟古尤胜。"

鲍照兄妹出身贫寒之家。先祖为避乱随晋室南迁后,家道中

落,在东晋纷飞的战火中,两兄妹相依为命,因而兄妹之情甚厚。为生活所迫,鲍照青年时代曾离家远游,他时常思念独居家中,孤独无依的妹妹,曾写有《代东门行》抒发羁旅惆怅,文中兄妹深情溢于言表。"伤禽恶弦惊,倦客恶离声。离声断客情,宾御皆涕零。涕零心断绝,将去复还诀。一息不相知,何况异乡别。遥遥征驾远,杳杳白日晚。居人掩闺卧,行子夜中饭。野风吹草木,行子心肠断。食梅常苦酸,衣葛常苦寒。丝竹徒满座,忧人不解颜。长歌欲自慰,弥起长恨端。"

鲍照要远行,妹妹出门相送,一路上浮现在鲍照脑海中的是涕泪涟涟的鲍令晖,他去江州赴任,"栈石星饭,结荷水宿,旅客贫辛,波路壮阔",来到大雷池边,思乡之情更为浓郁,对妹妹的怀念更为迫切,途中登上大雷岸,挥毫写成了"超绝笔墨蹊径"的《登大雷岸与妹书》,详细地诉说了旅途中的见闻,并叮咛妹妹:"寒暑难适,汝专自慎,夙夜戒护,勿我为念。"

鲍令晖收到哥哥饱含深情的诗文,写下了凄恻委婉的《答诗题书后寄行人》,以慰藉忧思自己的哥哥,表达了对漂泊异乡孑然一身的哥哥的思念之情。鲍令晖在诗中对哥哥诉说:自从你离家之后,我从未展露过欢颜。

鲍令晖像

鲍令晖像

坐在窗前,望着你离家的路,心中更为担忧。因为怕触动思念,夜晚不敢用砧杵,只好早早闭门。帐中流萤闪耀;庭中紫兰为伴。从草木的枯荣,感受时节的变化;信使带来家书,知道出门在外的你感到寒冷。我期盼着暮冬尽快过去,明年春天你能够返乡。

鲍照到任之后,可能没有立即回家省亲。于是鲍令晖又写了一首《寄行人》:"桂吐两三枝,兰开四五叶。是时君不归,春风徒笑妾。"意思是:桂花凋谢,兰花盛放,由秋到春,远行在外的人还未归来,我站在和煦的春天里,看到岁月轮转,花落花开,而自己的愿望尚不及春风来得及时,只是徒然地被春风讪笑。借东风催绽春花,将情感的寄寓表达得深厚有致,淡雅庄重,正如明代王船山所称道的那样:"小诗本色,不嫌迫促,松下问童子篇,盖从此出。"

传世名篇

鲍令晖先于鲍照离世,适逢鲍照身染重疾,正处在悲观失望的情绪里。当他得知鲍令晖去世的消息,回顾与妹妹共同度过的孤苦风雨,只有妹妹与自己"天伦同气",如今"存没永诀,不获计见"。本来鲍照只获准休假一个月，妹妹去世，母亲年迈孤苦，使鲍照要求休假百日。

他在清晨登上南山，祭扫胞妹坟墓，时值清秋，露团秋槿，风卷寒萝，更增添了他悲痛的情怀，因此凄怆伤心，悲如之何，写下了《伤逝赋》，抒发了鲍照郁结愁闷的情绪，情意深厚，蔚为可观，读之令人潸然泪下。

鲍氏兄妹之间的情谊，促成他们的诗文往来，表达怀念和关切，构成了兄妹二人诗作的一个主题，并成为传世名篇。

鲍令晖像

鲍令晖由于生活的社会时代和环境所限，她的诗作大多描写闺妇的离思别恨，缺乏对社会的深入思考。但她的诗作能够拟古而创新、雕琢词句、对仗工稳、构思巧妙、手法纯熟、有独特之处，对后世诗歌发展产生了一定的影响。

风尘才女——苏小小

苏小小是中国南北朝时期的著名才女,容貌秀丽,与西湖山水争芳斗艳,艳冠青楼,聪慧而富有才情。她与书生阮郁刻骨相爱之情始终不渝,又慧眼识英才,对穷书生鲍仁倾囊相助,帮助他进京求取功名。她却因感染风寒,年方十九就香消玉殒,葬于西泠之坞,结局令人扼腕。历代文人对她的事迹多加吟咏,白居易有诗云:"若解多情寻小小,绿杨深处是苏家。"

苏小小家祖上是东晋官,父母经营祖产,家境殷实,她的父母对她视若掌上明珠,十分宠爱,因她长得娇小玲珑,所以起名叫小小。在她长到十五岁时,父母辞世,她便随着乳母贾姨搬到城西的西泠桥畔居住。

岁月流逝,小小已出落得楚楚动人,西湖山水赋予她灵秀的气质和出众的才华,她从小喜读诗书,知书达理,尤以诗词歌赋见长。她的芳闺就坐落在西湖畔,题名"镜阁",楹联写道:"闭阁藏新月,开窗放野云。"推开轩窗,一湖潋滟风光尽收眼底,十分雅致。靠着家中积蓄,小小整日徜徉于西湖的湖光山色之间。因她气质独特,玲珑雅致,总有许多风流倜傥的少年追随在她乘坐的香车之后,想要一睹她的风采。苏小小酷爱诗文,在她的小楼中，常有文人雅士出入，他们以诗会友，游山玩水，尽情享乐。又过了几年，家中积蓄用完，小小便以文待客，操琴谋生。西湖风景秀美，但山路曲折迂回，游览辛劳，她便请人打造了一辆油壁香车，车子灵巧，女子娇媚，穿行于这如诗如画的西湖山水之间，仿若仙子飘飞于烟云之上。

咏诗明志

当时的上江观察使孟浪因公事途经钱塘，他对苏小小的盛名早有耳闻，但碍于官员身份不好登苏小小之门，于是派人请她来府中饮酒助兴，差人回复说小小一早就被人请去西溪赏梅了。孟浪于是差人在苏家等候，酒醉的小小一直到深夜才被侍女搀扶进来。孟浪很是扫兴。第三日，差人又来回复说小小酒醉未醒，不能出门。孟浪听闻勃然大怒，小小身份低微，却没将他这个官员放在眼里，如今连连碰壁，一定要给她点儿颜色看看。

他让县官派差人传唤小小，速到孟观察使船上赔罪，而且只能穿家常衣服，不能盛装打扮。小小听了心中十分坦然，她本是清水出芙蓉，天然去雕饰，唇不点而朱，眉不描而翠。她换上了一件素服，只将一头青丝挽了个髻，却越发显得出尘脱俗。

孟浪邀请了府县宾客在船上赏梅饮酒，小小来到船上，她清丽的容貌，

苏小小像

高贵的气质让满船人都为之震慑。孟浪决定为难她一下,也试试她的才情,时值窗外梅花开得正艳,便以梅花为题,让小小当场赋诗一首。

苏小小略加思索,从容不迫地吟出:"梅花虽傲骨,怎敢敌春寒?若更分红白,还须青眼看!"诗意既应眼前之景,又隐含之前之事,孟浪被小小的才智所折服,赞佩不已,邀她入席,一同饮酒。

冬去春来,又是一年春色好,苏堤上鹅黄柳绿,西泠桥畔碧波涟涟,苏小小乘油壁车去游春,在断桥弯角处迎面飞奔过来一匹青骢马,遇到车骑,马儿受惊,一位少年从马上跌落,小小连忙下车探视,原来这位少年名叫阮郁,是当朝宰相阮道之子,奉命到浙东办事,途径西湖。他见小小气韵风度宛如仙子,一时竟心驰神往。直到小小的油壁车消失在巷道深处,阮郁才回过神来,心中还暗自回味不已。阮郁回到居所,想起小小的音容笑貌,辗转难眠。第二天一早,他便来到西泠桥畔的镜阁拜访。小小从屋内中婷婷走出,二人相见,眼波流转,都暗含情愫,举杯对酌,抚琴谈诗,从此两情缱绻,难舍难分。

阮郁与苏小小交好的消息传到了父亲阮道耳中。因为二人的身份差异,阮道十分反对,他写了一封家书,谎称自己身染重病,卧床不起。阮郁得知后急忙打点行装,回乡探望。

谁知他回到家中,看见父亲安然无恙。阮道生气地说:"你被女子迷住心窍,我佯装生病,召你回来,你这些天就在家闭门思过,再为你另娶名门闺秀。"阮母也劝道:"等你求取了功名,入朝为官,再让你挑选几个美艳的侍妾,想来小小姑娘也不会怪你薄情吧?"阮郁不发一言。

小小自阮郁回乡后，闭门谢客，日夜思念，可却等不来情人的消息。春去夏至，一封迟来的信才送到小小手中，原来是阮郁送来的绝情书。小小阅毕说道："原来男女之情淡薄如烟云，易逝如朝露，我辈亦是如此啊。"从此以后，小小的性情更加冷峻孤傲，宴席之间也很少展露笑颜。

仗义解囊

一日，秋高气爽，小小正在湖畔散步，只见一位青衣少年沮丧地坐在湖边，小小上前询问，得知他叫鲍仁，准备参加今年的科举考试，但因盘缠不够而不能进京赴考。小小看此人虽然布衣褴褛，但却器宇轩昂，是胸中有丘壑之辈。她说："妾身钱塘苏小小，愿资助先生一偿夙愿。"鲍仁感激不尽，满怀抱负地奔赴考

苏小小墓

场。后来鲍仁果然金榜题名，出任滑州刺史。

小小素来身子娇弱，又感染了风寒，竟一病不起，小小在临终前说："交际似浮云，欢情如流水。谁又能明了我的心迹？小小一生别无所求，唯愿埋骨于西泠桥下，方不辜负我寄情于山水之间。"

安葬时日将到，忽然几个官差来到小小家，问道："苏姑娘是否在家？滑州刺史前来拜见。"

苏小小墓

乳母贾姨哭道："苏姑娘已辞世多时了。"过了一会，只见一人身穿缟素，骑着白马飞奔而来，他奔到灵堂，抚棺痛哭："人之相知，贵乎知心，知我心者，唯有小小，何不等鲍仁来酬谢知己，就辞世而去？"

鲍仁请人在西泠桥侧筑墓，并在墓上造了一座慕才亭，题写楹联："湖山此地曾埋玉，花月其人可铸金。"

生在西泠，死在西泠，葬在西泠，不负一生爱好山水，这是苏小小的生前遗愿。她一生敢爱敢恨，率真而为，不掩饰自己，不屈从他人，山水风流，潇洒自然。西泠桥畔，佳人薄命，一缕香魂，终归黄土，佳人遗愿已了，只留下西湖迷蒙的山水给后人无限的遐想。

红颜宰相——上官婉儿

中华文明史上颇具传奇色彩的"巾帼宰相第一人"——上官婉儿。她虽无宰相之名,却行宰相之职。她因机智过人、文采斐然、通晓吏事受到武则天赏识。婉儿成长于宫廷之中,一生历经四朝,亲身经历了武则天革唐立周、中宗复辟等多次宫廷权利之争。她从婢女出身,凭借自己出众的才华,在唐朝的政治舞台上长袖善舞,左右逢源。在她从政期间广设文馆,招贤纳士,评点天下诗文,吸引了天下的文人墨客聚集到其门下,引领了一代文风。

称量天下

相传上官婉儿的母亲郑氏即将临盆时,梦见一个巨人送给她一把巨大的秤,说道:"持此可称量天下。"众人都料想腹中一定是个男孩,将来求取功名,评定天下人才。可当身为女儿身的婉儿呱呱落地后,众人都笑称占卜者只为求取钱财,信口胡说。在中国传统社会中男尊女卑,一介女流连登堂入室的资格都没有,又凭什么发号施令,称量天下呢?

后来婉儿的祖父上官仪因"离间二圣、无人臣礼"的罪名被

杀,全家受到牵连,尚在襁褓之中的上官婉儿与母亲郑氏被削籍没入宫中为奴,相士之言看起来就更不可信了。

然而上官婉儿的母亲颇有远见,在宫廷为奴期间,即使前途渺茫,她也丝毫没有放松对上官婉儿的教育。在母亲的精心培育下,上官婉儿很快显露了她的学习天赋。宫廷众人都很同情上官家的遭遇,同意上官婉儿到后宫设立的文学馆学习。上官婉儿饱读诗书,出口能吟,下笔成文,而且博古通今,通晓政事,聪敏异常。她容颜娇媚清秀,一颦一笑,颇有风韵,加上天资聪颖,过目成诵,书法、数术、弈棋等无一不精,在后宫颇有才名。

她的才名很快传到了武后的耳中。仪凤二年,武则天在宫中召见上官婉儿,当场命题,让其依题著文。上官婉儿从容不迫,一挥而就,写了一首七言诗,其文辞精美,书法秀媚,仿若簪花一般。武则天看后大为赞叹,当即下令免其奴婢身份,让其掌管宫中诏命。她就成了武后身边最信任也是最有才华的贴身女官。武后将批阅表奏,起草诏命这些事都交给上官婉儿处理。按照惯例,朝廷文告均由名儒学士草拟,从中可以想见婉儿的才华。朝廷大臣开始竞相奔走其门下。待到后来婉儿专秉内政,代朝廷品评天下诗文,果然应了"称量天下"的预言。

在《北户录》中记载:武则天每每在朝堂上与宰相大臣商议朝政时,就会命令上官婉儿卧于桌案之下,将群臣奏明之事一一记录下来。一天,朝臣在商讨政事,婉儿偷偷窥探,被唐高宗发觉,龙颜震怒,用刀伤了婉儿的额头。为了掩饰伤疤,上官婉儿就用胭脂在额头处点了一朵红梅,娇艳的红梅生动地绽放在婉儿如雪的肌肤上,似乎散发着隐隐的幽香,越发衬托出婉儿的明眸皓齿、楚楚动人,增添了无限的妩媚。从此宫女妃嫔争相效仿,渐渐传入民间,成为颇为流行的妆容。

唐玄宗时的宰相张说在《唐昭容上官氏文集序》中对婉儿的政治才能和文学造诣大为赞叹。说上官婉儿在唐王朝最为特殊的时期担任御前女官,经历了武后、中宗两朝,名动朝野。在中国文学史上留下芳名的汉代的班婕妤、晋朝的左芬都是女性中出类拔萃的才女,上官婉儿与此二人在文采上不相上下,但她对唐朝政事的辅佐之功更优于前者。

上官婉儿先是担任一些朝廷文书的分类处理工作,武则天不仅信任她的才华,更看重她的人品,拟写诏书、参详奏章、百官奏牍都由她先行过目,并草拟处理意见,很多时候武则天看后只要在上面批示一下就颁行天下,上官婉儿虽然没有宰相之名,但却也是朝廷实际的宰相了,而这时她不过才十九岁。

武则天晚年还政于皇朝李氏,唐中宗李显继位。鉴于婉儿对唐朝政事的了解和她通晓贤达的性格,李显对上官婉儿也十分信任,让她继续在御

上官婉儿像

前行使职权,加封昭容,封其母郑氏为沛国夫人,使得婉儿的才华放出更加耀眼的光芒。

评点诗文

在上官婉儿的大力推动下,唐朝设置修文馆,广纳饱学之士,对有才华之人大加褒奖,每日赐宴游乐,吟诗作对。婉儿的诗词更是非同凡响,风格承袭祖父上官仪绮丽浮华、才思鲜艳,有"风雅之声"。中宗复位以后,每次赐宴赋诗,她一人替中宗皇帝、韦后、长宁公主、安乐公主等人作诗,其词句之清丽,往往引得举座皆惊。至此,朝廷皆以婉儿为词宗,取舍权衡,品评群臣所赋诗句,蔚然成风。

在一次奉诏评诗时,上官婉儿登上彩楼宣布:"凡呈上诗文,只择最佳一篇进呈御览,未中选者当场退回。"侍从拿过诗来刚开始吟诵,诗稿便纷纷从楼上飘落,只剩沈佺期和宋之问两人的诗稿还没有定论。沈佺期悄悄对宋之问说:"咱俩一向势均力敌,我看就以今日分出高下,以后不必再争论了。"

宋之问点头同意。又过了一会,沈佺期的诗随风飘落,宋之问的诗获胜,被呈给皇帝。婉儿的评价是:"二诗文笔相当,但沈诗结句'微臣雕朽质,差睹豫章才'诗句的气力已经衰竭,而宋诗《奉和晦日昆明池应制》结句'不愁明月尽,自有夜珠来'陡然健举,像飞鸟一般振翅直冲云霄,气势冲天。"婉儿的评判让沈、宋都心悦诚服。

上官婉儿身处波澜诡异的政坛,多次面临生死攸关的危险局面。她先依附武则天,后又投靠中宗,一路青云直上。后来她觉察到中宗虽贵为皇帝,却很懦弱无能,又依附于掌握大权的韦后

上官婉儿像

和安乐公主。当她的政治敏感再次发挥作用,觉察到了韦氏集团正走向覆灭,又迅速准备投靠新崛起的李旦之子李隆基势力。

但这时韦后一派与李唐宗室的斗争已趋于白热化,宫廷斗争势不可免。

李唐宗室率先发难,景龙四年七月二十日,李隆基发兵,捉拿韦后、安乐公主及其党羽,将他们全部杀死。

李隆基入宫,为保住自己的地位,上官婉儿拿出自己当初与太平公主一起草拟的那份"遗诏",想证明自己是站在李唐宗室一边的,但李隆基认为上官婉儿在各个政治势力中摇摆不定,为铲除后患,遂斩杀上官婉儿。

李隆基即位后,怀念她的文采,在她死去的第二年就恢复了她上官昭容的身份,追谥为"惠文",广泛征集她的作品,编成文集二十卷,如今多已散失,只有《全唐诗》收其遗诗三十二首。

女中诗豪——李冶

大唐盛世,古韵悠悠,诗才辈出,不但须眉称雄,也有不少女诗人脱颖而出,李冶就是其中一位,她貌美多才,专心翰墨,通晓音律,洒脱不羁。《唐才子传》说她:"美姿容,神情萧散,专心翰墨,善弹琴,尤工格律。当时才子,颇夸纤丽,殊少荒艳之态。"她是唐朝著名的女道士,也是享有盛名的女诗人。晚年曾被召入宫中,因卷入政治叛乱,被唐德宗下令乱棒而杀。

李冶出生在一个显贵的家庭,她天资聪颖,从小就跟父亲学习诗歌音律。在她六岁那年,父子俩在家中的后花园玩耍,正是阳春三月,春日暖阳,园中的蔷薇花争相吐艳,姹紫嫣红。李冶触景生情,便作诗吟咏道:"经时未架却,心绪乱纵横。"意思是蔷薇花架子还没搭好,但是枝叶花朵却已出格纵横了。由于"架却"谐音"嫁却",她父亲在惊讶女儿的聪慧的同时,却觉得女儿小小年纪,居然春心萌动,明咏蔷薇,实则抒发待嫁女子心头乱绪,就对她母亲说:"此女富于文采,然必为失行妇人!"为了女儿今后能谨言慎行,便在十一岁时将她送到浙江剡中的玉真观中做道士,改名李季兰,希望她能够清心寡欲,静心修道。

唐代道教受到皇家推崇,风靡一时。上至皇室公主、达官贵人的妻女,下至平民百姓,多有参与者。唐朝风气开放,女道士脱离了社会礼教的束缚,没有劳役之苦,受四方供养,常常与山水为伴,同文人骚客交游聚谈,使她们有机会与名士交往唱酬,有时也会因美貌、才情而受宠。

玉真观地处偏僻,清净幽深,岁月易逝,转眼间,季兰已成长至豆蔻年华,她容貌明丽可人且诗词可嘉。在道观中,她得到了悉心栽培,在翰墨及音律的造诣上又进一步。正值花季,少女怀春本就无可厚非,而李冶浪漫多情的心性,身处清静道观却向往着纷乱繁华的红尘世界,少女的心思已萌生出对爱情的渴望,却被清规戒律所压抑。春花渐凋,芳心寂寞,空自嗟叹。

剡中自东晋以来,物产丰饶,景色宜人,名士骚人辈出。玉真观景色幽谧,吸引了文人雅士前来游玩,这给了李冶与文人结交的机会,她广结鸿儒,酬咏篇数斐然,慢慢地,她才名远播,引得无数文人骚客风闻而至,陆羽、皎然、刘长卿、阎伯钧、萧叔子等当时有名气的文人都与她过从甚密。

巧遇茶圣

陆羽是唐代著名的茶文化家和鉴赏家。他一生嗜茶,精于茶道,在种茶、制茶、品茶方面颇为精通,常常穿着粗布衣服,脚踏草鞋,独自在山野之中采茶、访泉、品水。写成《茶经》三卷,被誉为"茶仙",尊为"茶圣",祀为"茶神"。他自幼

李冶像

无父无母,在竟陵西湖边的龙盖寺中由支循禅师抚养成人。一天,他在寺中闲居无事,久闻附近的玉真观李冶才情风流,便专程前往拜访。二人一见如故,各自述说身

陆羽塑像

世,颇有得遇知音之感。此后二人往来频繁,对坐清谈,煮泉烹茶。谈诗论文,成为心意相通的挚友。

建中元年,陆羽历尽多年寻访收集,饱含心血撰写的《茶经》终于完成,这时他得到李冶一直卧病在床,已经到燕子湖畔调养的消息。他急忙离开青塘别业,前去探望,并在病榻前日夜问候,勤加照料。李冶看到陆羽来访并且侍奉殷勤,虽然自己境遇悲凉,又感到往日情谊没有辜负,吟《湖上卧病喜陆鸿渐至》:"昔去繁霜月,今来苦雾时。相逢仍卧病,欲语泪先垂。强劝陶家酒,还吟谢客诗。偶然成一醉,此外更何之。"

二人一个出身佛门,一个来自道观,一个失去双亲,一个身染沉疴,同是天涯沦落人。李冶病中欣闻自己熟稔的诗友前来探望,欲语先哽咽,悲喜泪交流,拖着病躯勉强起身,再劝故人进一杯酒,吟咏着山水诗人谢灵运的名句,若能得一醉方休,也不失为人间乐事。

天宝年间,李冶远涉当时文人荟萃的广陵之地,才名大盛,唐玄宗也下诏命她赴京面圣。此时的李冶早已不是当年风华绝

代的美人，在为这无上的殊荣而欢欣时，也难免为自己美人迟暮的境地而感伤。在宫中，李冶以诗才得到认可，一些公侯相将也和她笺诗相赠。玄宗见了风韵犹存的李冶说道："上方班姬（婕妤）则不足，下比韩英（兰英）则有余。不以迟暮，亦一俊妪。"对她进行了一番抚慰，厚加赏赐而放还。

祸起诗歌

"安史之乱"的爆发，打破了唐朝的繁华之梦，后大将军朱泚因对朝廷的赏赐及粮食分配不满，起兵叛乱，立国号大秦，自称大秦皇帝，长安城一片硝烟弥漫。唐德宗无暇顾及子民，匆匆逃离。在征战平叛之后，叛臣朱泚被满门抄斩，株连九族。唐德宗回到了京师长安，发现李冶曾献诗给朱泚，唐德宗盛怒之下，将李冶召入宫中，大声斥责道："汝何不学严巨川有诗曰：手持礼器空垂泪，心忆明君不敢言？"下旨将其乱棍扑杀。可叹这位才女在生命的最后却成为政治的牺牲品。

李冶的作品中荡漾的情思和爽朗的笔致，体现出她丰富的才情和洒脱的秉性，不愧"女中诗豪"之称。

李冶像

蜀中才女——薛涛

薛涛,字洪度,唐代女诗人,与卓文君、花蕊夫人、黄娥并称蜀中四大才女。因父亲薛郧做官而来到蜀地,父亲死后家庭陷入贫困,十六岁时韦皋任剑南西川节度使,召令赋诗助兴,遂堕入乐籍,后定居浣花溪。与当时名士元稹、牛僧孺、张籍、白居易、令狐楚、刘禹锡、张祜、段文昌有往来。

《名媛诗归》中记载:薛涛八九岁时即知晓音律,一天父亲指着庭院中的梧桐树说:"庭除一古桐,耸干入云中",让薛涛接着做下去,薛涛不假思索地说:"枝迎南北鸟,叶送往来风。"父默然许久,虽然女儿才思敏捷,但诗句中蕴含了不祥之兆。后来薛涛沦为迎来送往的风尘女子。父亲逝世,母女二人相依为命,陷入窘困,她长到十六岁时,才情美貌已经名动蜀中。

蜀中名臣韦皋时任剑南西川节度使,颇有政绩,能诗善文,听说薛涛出身官宦之家,诗才出众,就破格把乐伎身份的她召入府中,请她即席赋诗一首,薛涛做《谒巫山庙》:乱猿啼处访高唐,一路烟霞草木香;山色未能忘宋玉,水声尤是哭襄王。朝朝夜夜阳台下,为雨为云楚国亡;惆怅庙前多少柳,春来空斗画眉长。

韦皋阅之,觉得这首诗雄浑有气魄,且引经据典,愁怀恨古,绝非庸脂俗粉所能为，众宾客也莫不叹服。从此薛涛便以清客的身份成为韦皋府的常客。

校书雅名

随着与薛涛的交往深入，韦皋发现薛涛通今博古，有着难以抹杀的才气，就让她参与一些文件的处理工作，还拟奏请朝廷授以秘书省校书郎的官衔。有人劝阻说："军务紧迫繁忙之际，为一位妓女申请官职，倘若朝廷认为不遵旧例，也让大帅的声誉受损；即使侥幸获得批准，女子出入府衙，也有失官府的威严。"虽然最后朝廷囿于旧例，没有批准授予薛涛官职，但薛涛的确担任起了校书郎的工作。唐朝诗人王建有诗送薛涛《寄蜀中薛涛校书》："万里桥边女校书，琵琶花里闭门居。扫眉才子知多少，管领春风总不如。"

后世将"校书"作为歌伎的雅称就

薛涛塑像

是从薛涛开始的。

机智巧辩

据说高骈任成都节度使时,曾邀请宾客到府上欢宴,当时薛涛也在场。高骈在席间行酒令,要求是想出"一字象形,又须逐韵"。高骈起令道:"口,有似没梁斗。"薛涛答道:"川,有似三条椽。"高骈说:"椽柱自古以来都是笔直的,可川字的笔画中有弯曲啊。"薛涛答道:"阁下是堂堂节度使,都可以用'没梁斗',我一介女流,用个弯了的椽子有什么不可以呢?"宾客都捧腹大笑。

贞元元年,南越给韦皋进贡了一只孔雀,薛涛便建议韦皋设置笼舍豢养。然而薛涛得宠的日子没过多久,随着诗名大盛,"诗达四方,名驰上国",文人骚客"求见者甚众",薛涛变得狂放飘逸,她也不顾及嫌疑,对别人馈赠的金银都一概收取,亦悉数上交韦皋得知后大怒,将她发配偏远的松州。

薛涛冰雪聪明,如何不解其意,她在赶赴松州的途中写下了"十离诗",差人送给了韦皋。诗中用犬、笔、马、鹦鹉、燕、珠、鱼、鹰、竹、镜自喻,形容自己不慎得罪主人,引起主人的不快而被厌弃,以此影射自己因被韦皋嫌弃而被放逐的境遇。韦皋见到诗文,念及往日情谊,就又把薛涛召了回来。

薛涛自贞元初年被罚赴边回来之后,一直在成都西郊的浣花溪隐居。浣花之人多从事造纸的行业,可是所造的纸篇幅太大,只用来书写小诗有些浪费。薛涛便在成都浣花溪采用木芙蓉皮作原料,加入芙蓉花汁,放入云母粉,制成粉红色的上面带松花纹路的彩笺,很是清雅别致。她用这种小信笺来誊写自己的诗作,后流传入世间,世人多用此信笺书写鸿雁传情的诗文,因为是薛涛发明的,所以称为"薛涛笺"。

薛涛一生未嫁,但却经历过一段刻骨铭心的恋情,元和四年三月,在时任司空的严绶的撮合下,薛涛在梓州结识了当时任东川监察御史的元稹。当时与薛涛交往的名流才子甚多,白居易、牛僧孺、令狐楚、张籍、杜牧、刘禹锡、张祜等,都与薛涛有诗文往来,但只有元稹最得薛涛芳心。

这时的元稹新科未久,久慕薛涛之名。二人相见,薛涛便做赞颂砚、笔、墨、纸的《四友赞》,云:"磨润色先生之腹,濡藏锋都尉之头。引书媒而黯黯,入文亩以休休。"让元稹这位才子也叹为观止。从此薛涛满面生春,娇怀如梦,元稹佳人入怀,志得意满,过起了神仙眷侣的生活。薛涛情之所至,作了一首《池上双鸟》:"双栖绿池上,朝暮共飞还。更忙将趋日,同心莲叶间。"

浓情蜜意溢于纸上,俨然一个痴心女子,在对心上人款款诉说心曲,流露出托付终身之意。"诗篇调态人皆有,细腻风光我独知。月夜咏花怜暗澹,雨朝题柳为

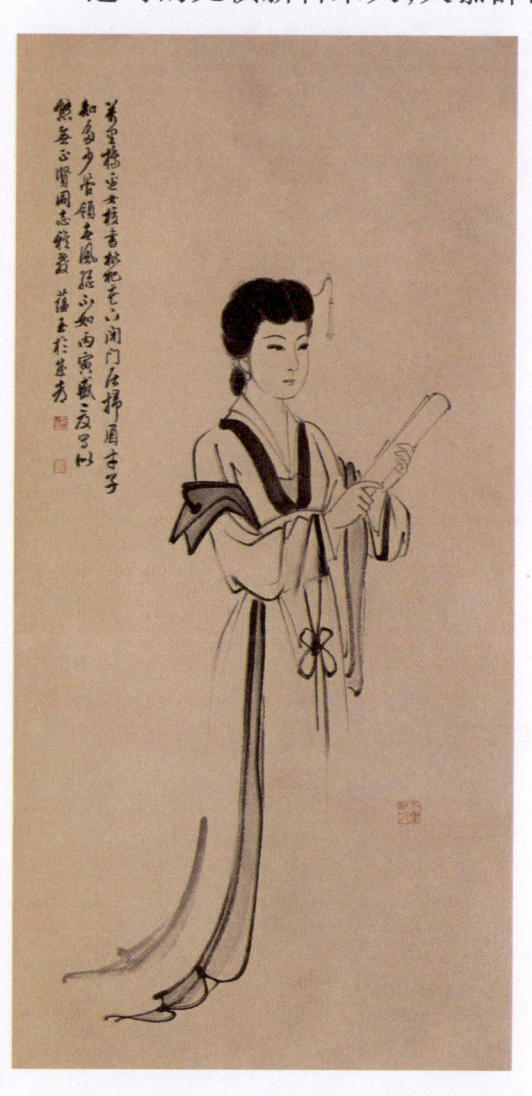

薛涛像

歆垂。"

然而好景不长，一年以后元稹完成朝廷之命离开四川返回京都。那时薛涛已经四十六岁，纵使绝色女子，也褪尽芳华芳。薛涛写了一首《送友人》为元稹送别："水国蒹葭夜有霜，月寒山色共苍苍。谁言千里自今夕，离梦杳如关塞长。"

月寒霜重的暮秋时节，本就凄凉萧瑟，令人伤怀，可诗人抛开感伤之意，反而安慰对方，可见薛涛用情之深。偏偏满腔情意所托非人，元稹是出名的风流才子，放纵多情，先负于与他有过定情之约的崔双文，后来又在结发妻子韦丛妙龄而逝后，一边写着"唯将终夜长开眼，报答平生未展眉"，一边当年就纳妾。

元稹走后，薛涛满怀期盼能够与情人重续前缘，哀鸣的春鸟、满坠的花枝、拂面的春风，都幻化成可以诉说离情之苦的寄托。

晚年的薛涛心性渐渐收敛，也厌倦了官场上整日酬唱、小心侍奉的生活，后来的节度使段文昌再邀她时，她写了首诗："侬心犹道青春在，羞看飞蓬石镜中。"婉言回绝了。

此后，薛涛隐居在望江楼中，经常穿着女道士装束，在清静中度过晚年。

太和五年，薛涛离世，当时的剑南节度使段文昌为她亲手题写了墓志铭，并在她的墓碑上刻上"西川女校书薛涛洪度之墓"，承认了她"校书"的身份。薛涛一生的数十年间，剑南节度使共换了十一位，都被她的才情所折服。

古代邓丽君——刘采春

刘采春是唐代的著名才女。她善于歌唱，嗓音婉转动人，余音绕梁不绝，还会填词，唱词直表其意，直抒其情，或天真烂漫，或寄意深微，另开风貌，别树一帜，自成姿韵，风味可掬。她还擅长演唐代流行的参军戏，又能唱民间流行的小唱。

在唐代著名诗人元稹任越州刺史时，她随伶人丈夫周季崇从淮甸来到越州，得到元稹的赏识，称赞她"言辞雅措风流足，举止低回秀媚多"。

歌声彻云

在唐代，刘采春红遍江南吴越一带，"采春一唱是曲，闺妇、行人莫不涟泣"，可见其作品流传之广，影响之盛。她与鱼玄机，薛涛，李冶并称唐朝四大女诗人，《全唐诗》录其作品六首。在当时是一名很有影响的女艺人。

除善弄参军戏外，刘采春歌唱得尤其好。据说她有夜莺般的嗓子，"歌声彻云"，也许果真绕梁三日而不绝。《曲》是她的代表歌曲，相当于"来罗"，有盼望远行人回来之意，可见是抒发离愁的

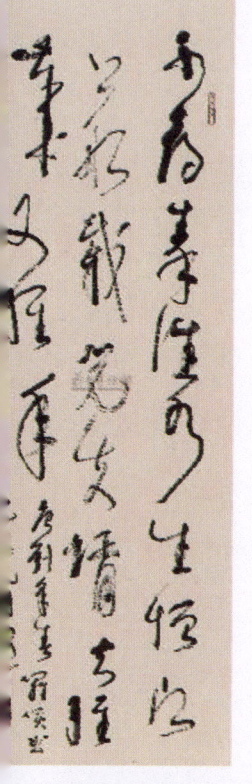

刘采春诗作

感伤之歌。"不喜秦淮水,生憎江上船。载儿夫婿去,经岁又经年。""莫作商人妇,金钗当卜钱。朝朝江口望,错认几人船。"这《曲》又名《望夫歌》,所以元稹在《赠刘采春》一诗中说她,"更有恼人肠断处,选词能唱望夫歌。"只可惜这歌声无法流传下来。

商妇悲歌

刘采春和邓丽君一样,以女性歌迷居多,尤其以闺妇为最。那时,刘采春几乎已成为商人妇——那些有钱有闲但空虚度日的太太们的心声代言人。据说当时,商人妇的婚姻生活,已成了一个恼人的社会问题。大批商人长期在外不归,大量夫妻异地分居,怨妇成群,生活不和谐,已是一种普遍现象。

刘采春的《曲》有120首,足见其广阔的市场需求。在没有录音技术的唐代,靠着一场又一场的演出,红透大半个中国实属不易,其受欢迎的程度可见一斑。

而且,刘采春并不是仅有歌喉和美貌的歌星,她还是词曲全能的创作型歌手。"唐人朝成一诗,夕付管弦",她把当时才子们的诗词拿来配曲,然后歌唱。

杜秋娘的《金缕衣》也存在此争议。这种争议,难免有男学者对女性不看好、不平等对待、不信任不尊重的嫌疑。有些男人只要一看到女人写诗,而且还写出了流传甚广的诗,就忍不住要怀疑,比如写《诗薮》的胡应麟觉得刘采春的几首诗"非晚唐调",就否定了她的作者身份。但无论如何,后人还是记住了使它们广为流传的那些女人。

香消玉殒——关盼盼

关盼盼是唐朝时期徐州有名的才女。她出身书香门第，精通诗文，更兼有高超舞技，清丽歌喉。《唐才子传》称她"才色双美"。后因家道中落，嫁给徐州刺史张建封之子张愔做妾。白居易曾做客张府，在宴会上欣赏到关盼盼的表演并为之惊艳。

一舞惊艳

关盼盼生于唐德宗贞元三年（公元787年），她自幼学习诗文，年纪稍长又学习歌舞技艺，能演唱白居易的《长恨歌》，善跳《霓裳羽衣舞》，驰名徐泗一带。后来，关家家道中落，出于无奈，被徐州守帅张愔重礼娶回为妾。张愔虽然是武将，却生性儒雅，知书达理，

关盼盼塑像

颇通文墨,对关盼盼的才艺十分欣赏,而她的曼妙歌舞,更让他视若珍宝,在他的众多姬妾中,对关盼盼最为宠爱。

唐德宗贞元年间,白居易在朝廷任校书郎,到徐州、泗水一带出游,素来敬慕白居易诗才的张愔邀他到府中,设盛宴殷勤款待,当时家宴常有家伎表演歌舞助兴,在这次宴会上,宾主酒酣兴浓,张尚书命关盼盼歌舞一曲,以助酒兴。

只见关盼盼身披薄纱,轻歌曼舞一曲《霓裳羽衣舞》,她容颜清婉俏丽,一双如水的眸子顾盼生辉,体态轻盈,身若娇柳,翩若惊鸿,舞姿轻盈柔美,婀娜多姿,宛如在虚无缥缈的仙境中一般,真是袅袅腰疑折,襄襄袖欲飞。白居易看后惊为天人,仿若当年能歌善舞的倾国美人杨玉环又现身世上,即兴赋诗描写关盼盼"醉娇胜不得,风袅牡丹花"。形容关盼盼的身姿娇艳无与伦比,仿佛袅袅娜娜的花中之王牡丹一般。

守节不移

然而,好景不长,两年后张愔因病离世,归葬东洛。昔日的恩情不再,他的姬妾们很快风流云散。关盼盼无法忘记夫君的深厚情谊。张府易主后,她带着一位年迈的仆人,移居到徐州城郊云龙山麓的燕子楼,矢志为张愔守节,一过十余年。

燕子楼地处徐州西郊,依山傍水,风景秀丽,是张愔生前为关盼盼兴建的一处别墅,因为楼前有清流蜿蜒而过,沿溪植满如烟的垂柳,雅致宜人,燕子穿柳而过,翩然飞至楼头,关盼盼便和张愔一同议定,为此楼取名"燕子楼"。燕子楼记载了他们二人耳鬓厮磨的恩爱生活,他们曾在晓雾朦胧中看太阳喷薄而出,在亭台楼阁上看夕阳暮色,在溪畔柳堤上散步谈心。

如今风光依旧，物是人非，燕子飞去又飞回，却不见当年旧巢中的爱侣。关盼盼懒于梳洗理妆，也不再曼舞轻歌，在清冷和孤寂中度过了十年，她忠于旧情、守节不移的精神，赢得了世人的怜惜和赞叹。

元和十四年（公元819年），曾在张愔手下任职的司勋员外郎张仲素到白居易府上拜访，他深为关盼盼的情深义重而感动，又知道关盼盼曾与白居易有过一宴之交，所以带了关盼盼所写的《燕子楼新咏》诗三首，请白居易品鉴。

白居易想到当年鼓乐声萧、歌舞喧哗的热闹场景，不由得黯然神伤，为关盼盼掬一把同情的眼泪。他心中暗想：张愔如今已离世十年，尚有爱姬为他守节，着实令人羡慕。但是又想：既然美人如此情深义重，为何苟活于世上，不追随他到九泉之下，成就一段令人感叹的凄美韵事呢？于是白居易依韵和诗三首，表达了自己的疑问。

诗中表现了燕子楼上、明月映轩窗、剪剪西风、寒霜凝帘、愁烟漫漫、青灯冷烛、凄冷孤寂。关盼盼想必受尽了相思的煎熬。张愔去世后，她脂粉不施，琴瑟不调，昔日华丽的舞衣收入箱中，再也不会穿上身了。昔日的故

燕子楼

人从洛阳回来,还要到张愔墓前凭吊,他墓地上栽种的白杨已经粗到可以做柱子了,但他生前宠爱的你还在孤单地独守空帏,何不化为尘土,追随夫君到九泉之下呢?之后他又赋诗一首,表达了自己的意思:黄金不惜买娥眉,拣得如花四五枚;歌舞教成心力尽,一朝身去不相随。

在当时的社会风气下,以死殉夫是女人的守节美德。张仲素回到徐州,把白居易所写的诗给关盼盼观看。关盼盼细细品读,领会出白居易的诗中含义,心中百感交集。她想:我为张愔守节十年,而白居易的诗句用语尖酸刻薄、逼人太甚。

她潸然泪下,对张仲素道:"自从张公离世,妾并非没想以死殉节,但担心世人误解我夫君重色,竟让爱妾殉情,为了不玷污夫君的清誉,我才含恨偷生直到今日!"说完涕泪交流,在难以抑制的悲愤中,关盼盼依白居易诗韵奉和七言绝句一首:自守空楼敛恨眉,形同春后牡丹枝;舍人不会人深意,讶道泉台不相随。

诗中有自我剖析、有愤懑幽怨、更有不被世人理解的痛苦。"舍人不会人深意"是痛惜白居易并不了解她苟延残喘,偷生十年的一番苦心,竟以诗作讽,逼她殉夫。此后关盼盼开始绝食,老仆苦劝,徐州一带知晓内情的文人也纷纷以诗劝解,然而关盼盼决心已定。十天后,这位性情贞烈的一代丽人,香消玉殒于燕子楼上。

弥留之际,她心绪难平,提笔写下:"儿童不识冲天物,漫把青泥汗雪毫。"意思是儿童不识得冲天飞鹤,枉将青泥淋污那雪白的羽毛。这句话是针对白居易而言的。守节十年的关盼盼,早已将生死置之度外,但她只希望世人不要像孩童一般,妄自揣测,来玷污她的冰清玉洁。

白居易听闻关盼盼的死讯后心中大为后悔，他辗转多方相助,将关盼盼的遗体安葬在张愔墓之侧,以作补偿,也成全了一对恩爱夫妻生死相随的美名。

白居易晚年归隐洛阳香山,在自己垂垂老矣之际,他让最宠爱的侍姬樊素与小蛮各奔前程,以免酿成关盼盼那样的悲剧。临行前,白居易以诗相赠:两枝杨柳小楼中,袅娜多年伴醉翁,明日放归归去后,世间应不要春风。

关盼盼这位才貌盖世、歌舞绝伦的奇女子,曾在燕子楼上演出了一幕悲凉的殉情故事。燕子楼因为关盼盼而成为徐州的名胜古迹,历代均加以修缮。楼上还悬挂着关盼盼的画像,神情秀雅,风采依然,古往今来的游客,不但仰慕其绰约风姿,更为她的忠贞情义而慨叹。

燕子楼

美智无双——杜秋娘

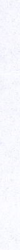

杜秋娘的一生富于传奇色彩，虽出身微贱，却独禀天地之灵秀，出落得美慧无双，而且能歌善舞，还会写诗填词作曲，成为江南一带名噪一时的歌姬。她十五岁被镇海节度使李锜收为妾室。李锜谋反被镇压后，她被充入宫中为婢，又得到唐宪宗的宠爱，晋封为妃。然而命途多舛，宪宗皇帝突然被宦官谋害，秋娘被再度置于血雨腥风之中，后来她成了皇子李凑的傅姆，李凑受诬陷被削爵，她被赐归润州故乡，孤苦无依，寄居于道观之中。

曲惊四座

在杜秋娘十五岁时，芳名远播，镇海节度使李锜以重金买入府中充任歌舞姬。当时的歌舞姬都是跳已经谱好的曲子，杜秋娘却自恃文采出众，不甘"泯然众人矣"，她作《金缕衣》一首："劝君莫惜金缕衣，劝君惜取少年时；花开堪折直须折，莫待无花空折枝。"并在李锜的家宴上演唱，李锜对她的才华大为赞赏，将她收为侍妾。

杜秋娘常年随侍在李锜身边，发现他意图谋反，冒死劝谏，但李锜听不进去，结果案发被押解往长安，杜秋娘也被没入宫中为奴。唐宪宗早对杜秋娘的才艺之名有所耳闻，内心十分倾慕，他设宴款待群臣，召杜秋娘在宫廷之上表演。

笙乐管弦之间，一位白衣飘飘的女子翩然而来，她轻舒双臂，细展腰身，似云雾缭绕，似山水飘摇。舞得如行云流水、惊鸿婉转，宪宗和大臣都被深深地吸引了。笙管吹起，丝弦悠扬，杜秋娘轻启绛唇，歌声轻妙婉转，宪宗自登基以来，忙着应付国内藩镇割据的不良形势，醉心国事，无心女色。但当杜秋娘出现在他面前时，他为杜秋娘的绰约风姿所陶醉，倍加宠幸，特赐名为杜仲阳，任宫中女官，主管宜春院，后又封她为秋妃。

做了秋妃的杜秋娘深受宪宗宠爱，她的一颦一笑都令年轻的宪宗为之沉醉。春色荡漾时，他们流连于山水之间；秋月高洁时，又在碧波荡漾的太液池中泛舟；凄风冷雨之夜，他们秉烛夜谈直至天明。其情真意切，仿佛重新演绎了杨贵妃与唐玄宗的爱情佳话。

秋妃虽艳冠后宫，却深明大义，她以女人的温柔如水化解了宪宗的年轻气盛，用她的兰心蕙质为皇帝分忧解劳。

二人常常讨论治国安邦之策。曾有大臣劝谏唐宪宗用严酷的刑罚和苛刻的法律治理天下，认为这样才可以避免再度动乱，颇合宪宗的心意。但秋娘则委婉

杜秋娘像

地劝说:"王者之政,尚德不尚刑,岂可舍成康文景,而效秦始皇父子?"其远见卓识,入情入理,让唐宪宗信服之余更加钦佩,改以德政治天下,迎来了国家的安定和繁荣。

宫闱之乱

元和十五年(公元820年)新春刚过,唐宪宗年仅四十三岁,在中和殿上驾崩,关于死因,宫廷内外讳莫如深,有传言说宪宗是追求长生不老,沉迷炼丹之术中毒而亡,也有人说是内常侍陈弘志蓄意弑君,当时宦官在朝中势力庞大,此事就不了了之了。

在宦官马潭等人的操控下,太子李恒继位,为唐穆宗。这场政治风暴,并没有撼动杜秋娘在宫中的地位,她进宫时间颇久,在政治上的远见卓识为她赢得了很高的威名,也颇受朝中大臣的拥戴,就连唐穆宗也对她十分倚重。后来,杜秋娘担任了穆宗之子李凑的傅姆一职,教育皇子。

杜秋娘一生没有子嗣,待皇子李凑如同亲生儿子般疼爱有加。然而唐穆宗李恒荒淫无度,每天沉迷于声色犬马,不理朝政,藩镇相继叛乱,河朔三镇失守,他都置若罔闻。

长庆四年(公元824年),唐穆宗驾崩,太子李湛继位为唐敬宗,改元宝历。这位小皇帝还只是个十五岁的少年,不谙世事,童心未泯,在宦官的教唆下四处游荡,寻找新鲜的游戏,最爱玩击毬和在夜里猎狐,发起脾气就痛打身边的人出气,对国家大事毫不挂心。

一个寒冬腊月的深夜,唐敬宗在外狩猎完回宫后,又与亲近的宦官在大殿中饮酒作乐。夜深酒醉,唐敬宗入室更衣,一阵风吹来,殿上灯火覆灭,等侍女将灯烛再燃起时,惊讶地发现唐敬宗横尸于内室,这年他刚满十七岁。

这时,宦官实际上已经掌握着宫中的大权,他们联合保举唐敬宗的弟弟江王李昂继位,成为唐文宗。文宗年幼,朝廷大权被相互勾结的大臣和宦官握在手中。

这时,李凑已被封为漳王。在杜秋娘的悉心教导下,漳王李凑已经成长为一个兼具文韬武略,胆识过人,英姿勃发的青年,他立下志向,要体恤百姓,做一位贤明的君主。经历了多次朝堂更迭的杜秋娘眼看着几代李家皇帝被宦官谋害,朝中大权掌握在宦官手中,他们只知道搜刮民财,纵情享乐,国家的内忧外患从不放在心上,国家的基业已经败坏了,心中十分忧虑。

她看准时机,与朝中宰相宋申锡秘密筹划,企图废掉文宗,打击朝中宦官势力,扶持李凑称帝。虽然计划周详隐秘,却被耳目众多的宦官探知,虽然没有什么证据,但是杜秋娘还是受到牵连,被放归故乡。

杜秋娘被遣返回乡时,已经暮年垂老,曾经的繁华与鼎盛仿佛一场梦,转瞬即逝。诗人杜牧经过润州时,

杜秋娘创意图

"感其穷且老,为之赋诗":"四朝三十载,似梦复疑非。潼关识旧吏,吏发已如丝。却唤吴江渡,舟人哪得知?归来四邻改,茂苑草菲菲。清血洒不尽,仰天知问谁?寒衣一疋素,夜借邻人机。"

杜秋娘容颜已改,连潼关旧吏和家乡古人也辨识不出;回到曾经生活过的地方,芳草萋萋,满目凄凉;寒冷的冬日,没有棉衣御寒,只能借邻居的织布机,织出一匹白布,为自己做冬衣。她的穷困潦倒,百无聊赖跃然纸上,让人掬一把感叹之泪。

杜秋娘一生历经坎坷,她富有才华,善于把握机会,不畏权贵,敢于直言诤谏,在政治舞台上甘愿犯险,但唐朝帝王昏庸,宦官弄权,使得她几经朝代更迭。

出身卑微的杜秋娘,凭着自己的才华和智慧,写就了一段女性辉煌和绚丽的"折花"岁月。斯人虽然已经逝去,但她的诗作《金缕衣》那娓娓动人的风韵,摇曳多姿的情感,广为流传,劝诫着人们莫负好时光。

诗作《金缕衣》

风华绝代——鱼玄机

鱼玄机,晚唐诗人,初名鱼幼薇,字蕙兰,生于长安城郊。她的父亲饱读诗书,却未能求得功名,便将把满腔心血都倾注到鱼幼薇身上,聪敏的幼薇在父亲的教导下,五岁颂诗百篇,七岁出口成章,十一二岁便成为诗名盛播长安城的女诗童。

咸通年间,她嫁给当年考中状元的李亿为妾,但她的才貌被李妻所妒忌,后被李亿抛弃。咸通七年,出家为咸宜观女道士,改名鱼玄机。她姿色倾国,才思敏捷,鸣琴赋诗,尤工韵调,情致繁缛。诗作现存五十首,收于《全唐诗》。著有《鱼玄机集》一卷。

亦师亦友

鱼幼薇少年成名,引起了当时名满京华的大诗人温庭筠的关注,于是在暮春的一个午后,他专程慕名寻访鱼幼薇。

温庭筠在平康的一所低矮破旧的渔家小院找到了她,鱼父已经谢世,鱼家母女只能靠做些针线缝补、浆洗衣物来维持生计。鱼幼薇虽然年幼,但出淤泥而不染,风韵初成。温庭筠顿生怜爱之情,想试探一下她的才情,适才来路上,柳絮飞舞、春意正浓,于是写下了"江边柳"三字为题。鱼幼薇略作沉思,便在一

张花笺上挥笔而就,呈给温庭筠评阅:翠色连荒岸,烟姿入远楼;影铺秋水面,花落钓人头。根老藏鱼窟,枝低系客舟;萧萧风雨夜,惊梦复添愁。

温庭筠反复吟咏,觉得不论是意境深远,遣词用句,平仄起伏,都不像出自一个小姑娘之手,实属上乘佳作,令人叹服。他对小幼薇的聪明才智非常欣赏,从此经常出入鱼家,悉心教授小幼薇诗词歌赋,成为这位"诗童"的老师和朋友。

不久之后,温庭筠离开长安,远赴襄阳任刺史徐简的幕僚。秋高气爽,落叶缤纷,鱼幼薇思念远方的故人,写下一首五言律诗《寄飞卿》,飞卿是温庭筠的字。

鱼玄机像

"阶砌乱蛩鸣,庭柯烟露清;月中邻乐响,楼上远山明。

珍簟凉风著,瑶琴寄恨生;嵇君懒书札,底物慰秋情?"

转眼秋去冬来,梧桐叶落,冬夜萧索,鱼幼薇左等右等,却不见回信,又写了《冬夜寄温飞卿》:"苦思搜诗灯下吟,不眠长夜怕寒衾;满庭木叶愁风起,透幌纱窗惜月沈。疏散未闲终遂愿,盛衰空见本来心;幽栖莫定梧桐处,暮雀啾啾空绕林。"

唐懿宗咸通元年(公元860年),温庭筠回到了长安寻求仕途上的发展。几年未见,鱼幼薇已是亭亭玉立、光彩夺目的及笄少女了。一日,师生相偕到城南风光秀丽的崇贞观中游玩,见一群新科进士春风得意,比试才情,争相在观壁上题诗留名,鱼幼薇见状,满怀感慨地题下一首七绝:"云峰满目放春晴,历历银钩指下生;自恨罗衣掩诗句,举头空羡榜中名。"

这首诗前两句气势雄浑,激昂慷慨,抒发了她满腔的雄才大志;后两句笔锋一转,却慨叹自己生为女子,空有绝世才情,却被罗衫所掩盖,只有空自艳羡!

这时正值江陵名门之后李亿任左补阙官职初到长安,游览到此,他久慕鱼幼薇风采绝艳,便请温庭筠从中撮合,二人一见倾心,颇有相见恨晚之感,鱼幼薇便嫁与李亿为妾。

李亿的正妻裴氏,出身山西豪族,有权有势,她嫉妒鱼幼薇的才貌。在嫁给李亿三个月后,鱼幼薇就因裴氏不能相容而被迫离开长安,远走江陵。在曲江一带找到一处幽静的咸宜观静修,取了"玄机"的道号。

一位娇弱的女子,只随身带了一名侍婢,辗转千里,抵达江陵。她的传世名句"忆君心似西江水,日夜东流无歇时"就是写于这段时光里,支撑她的是临别前与李亿在江陵相见的约定。

和丈夫分别后,情深义重的鱼玄机还深深眷恋着爱人,写下

了一首著名的思念诗《寄子安》："醉别千卮不浣愁,离肠百结解无由;蕙兰销歇归春圃,杨柳东西绊客舟。聚散已悲云不定,恩情须学水长流;有花时节知难遇,未肯厌厌醉玉楼。"

三年的时光在思念和守候中逝去,李亿却并未如约前来与她团聚。她失魂落魄地孤身返回长安,得到的却是李亿已偕娇妻远赴扬州上任的消息。她成了孤云野鹤,想到自己坚贞的情意竟付之东流,她夜起秉烛,写下了流传千古的《赠邻女》诗:"羞日遮罗袖,愁春懒起妆;易求无价宝,难得有心郎。枕上潜垂泪,花间暗断肠;自能窥宋玉,何必恨王昌。"

美丽的邻家女子,白天时用衣袖遮住面庞,惆怅这大好春光,懒怠梳妆。她无限感慨,在人世间无价的珍宝易得,而忠贞重情的伴侣难求。夜里感伤,泪水打湿了枕头,在花丛间游走,肝肠寸断。既然已有了才貌,便是宋玉这样的才子也能求得,又何必怨恨王昌若即若离的态度呢?这首诗写出玄机被遗弃的怨愤,是至情之语,韵律哀婉,词句感伤,字字带血,声声有泪。

从此,她看破了人间真情,一改过去洁身自爱的态度,由是一个秀外慧中、痴情万缕的贤淑才女,变成一个享乐纵欲的风流妇人,并作《遣怀》一首,描述她的生活境况:"闲散身无事,风光独自游;断云江上月,解缆海中舟。琴弄萧梁寺,诗吟庾亮楼;丛篁堪作伴,片石好为俦。燕雀徒为贵,金银志不求;满怀春酒绿,对月夜窗幽。绕砌澄清沼,抽簪映细流;卧床书册遍,半醉起梳头。"

身陷囹圄

鱼玄机素有才名,出入道观者有公卿贵族,更有雅士文人,道观乃成一雅集之地,鱼玄机多与名士交流,往来酬唱,诗酒风流。

她有一位贴身婢女绿翘,貌美动人,又善解人意,在玄机身边侍奉多年。一天绿翘突然不见踪影。鱼玄机说这个婢女私自逃走了,无迹可寻。有一次,鱼玄机在家宴客,有客人到后院解手,看到几十只苍蝇聚集在地上,驱赶又飞回来。他觉得奇怪,就细细查看,发现地上有血印。

宴罢出门,他把这件事告诉了仆人,仆人回家后又告诉了他的兄长。而这位兄长恰恰是京兆府的街卒,曾因敲诈勒索不成,与鱼玄机结下仇怨。他差遣衙役,冲入鱼玄机的后庭院,果然挖掘出一具尸体,正是绿翘。鱼玄机因此入狱。

鱼玄机后来招供说,一天,她外出访友,告诉绿翘说:"如果

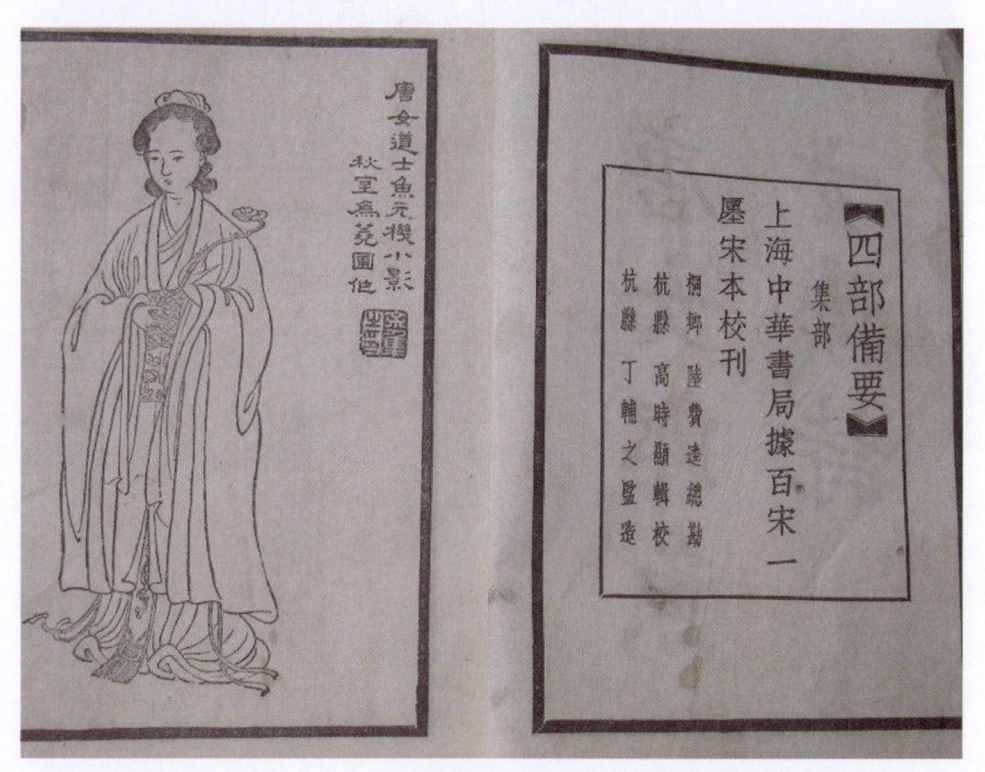

鱼玄机诗作集

有客来，就告诉他我去了哪里。"鱼玄机与朋友会面直到傍晚时分才返回。绿翘禀告说："今天陈韪来访，因您不在，就策马离开了。"

鱼玄机奇怪这个往日里总会等她的客人怎么会离开，又看到绿翘云鬓松散，面色潮红，怀疑她与陈韪暗通款曲，深夜拷问，失手将其鞭笞致死，并趁夜埋尸于后院。鱼玄机最终为京兆尹温璋处死，年仅二十六岁。

鱼玄机的诗被称为唐宋两朝诗歌的压卷之作，"易求无价宝，难得有心郎"一句，道出了千万痴情女子的心声，流传千年。

鱼玄机像

但她的一生，却集重情女子与风流道姑于一身，赞誉与诋毁并存，真实与虚构难辨。这个念兹、盼兹、爱兹、怨兹的女子，在正待绽放的年纪，悄然凋谢，走向生命的终结。

色艺双绝——李师师

李师师,北宋才女。父母早亡,因而落入娼籍李家,改名李师师。与著名词人张先、晏几道、秦观、周邦彦有诗词往来,又与宋徽宗有过交往。靖康二年,金人攻破京城,李师师下落不明。

据《宣和遗事》中记载,李师师是汴京染局匠王寅的女儿。母亲早逝,父亲熬煮豆浆喂养她长大。当时东京风俗,父母将孩子舍身佛寺,可保其一生平安。王寅让女儿舍身宝光寺时,小女孩忽然啼哭起来,僧人抚摩孩子的头顶,她立即不哭了。

她父亲想:"女儿果真颇有佛缘。"当时称呼佛家弟子为"师",父亲就叫她师师。四岁时,王寅死于牢狱之灾,李师师无依无靠,流落街头。隶籍娼户的李家收养了她,从此改姓李。

歌喉婉转

李师师长大后艳若桃李,美如繁花,且歌喉婉转,有"大珠小珠落玉盘"之妙,在诸教坊中独领风骚,豆蔻年华就名噪京师,逐渐成为文人雅士、王孙公子竞相争夺的对象。最后,她的艳名传入宋徽宗的耳中,皇帝也想一睹芳容。一日,皇帝穿了便服,以秀才身份求见李师师,只见师师云鬓凝翠,眉目含情,雪为肌肤

玉为骨,芙蓉如面黛如眉。听了她柔绵婉约的弹唱,神思难回。

从此以后,宋徽宗就成了李师师的座上宾,王公贵族也退避三舍,只有当朝税监周邦彦对李师师难以忘情。周邦彦精通音律,擅谱新词,词韵清蔚,风雅绝伦。因其词句绮丽绝伦,京城歌伎无不以唱他的新词为荣。

周邦彦还曾作词描摹李师师梨花带雨的娇态:"铅华淡伫新装束,好风韵,天然异俗。彼此知名,虽然初见,情分先熟。炉烟淡淡云屏曲,睡半醒,生香透肉。赖得相逢,若还虚过,生世不足。"

一日,周邦彦到李师师处相会,正在倾心交谈之际,忽报圣驾前来,周邦彦一时无计可施,只好匆忙钻到床下躲藏。

宋徽宗特地带来江南新贡的新鲜橙子请李师师尝鲜,二人谈了一会儿,皇帝要走,李师师假意挽留:"现已三更,马滑霜浓,皇上要保重身体。"由于徽宗患病刚痊,才没留宿。徽宗走后,周邦彦将刚才所闻之事写成了一首《少年游》,曰:"并刀如水,吴盐胜雪,纤指破新橙。锦帏初温,兽香不断,相对坐调笙。低声问:向谁行宿?城上已三更,马滑霜浓,不如休去,真是少人行。"

这日,徽宗再访佳人,师师一时兴之所至,把周邦彦的那首《少年游》唱了出来,情景真切,语意缠绵,深得宋徽宗喜爱。但李师师没留心,说出是周邦彦所作,宋徽宗顿时龙颜大怒,怏怏地回到后宫,以周邦彦词义浅薄,不能在朝为官为由,贬出汴京。

之后宋徽宗再访李师师,却发现美人已不复往日的娇羞温柔,曲意承欢,而是满面愁容,没等宋徽宗安慰的话出口,李师师款款跪下,说道:"请皇上恕罪,周邦彦曾为我填了许多新词,今日却因填词而获罪,我于心不忍,所以到都门以杯酒相送。"说罢,李师师慢理云鬓,轻抚琴弦,唱了一首周邦彦的新作《兰陵王》。

宋徽宗听了也黯然沉默，周邦彦确有真才实学，如此贬谪确实有失公允，后来宋徽宗降旨复召周邦彦回来，封他为大晟乐正，命定正雅乐。可以说周邦彦的仕途成也诗词，败也诗词。

下落成谜

关于李师师的下落有三种说法，一是被俘金国。史籍《青泥莲花记》中记载："东京角妓李师师，住金钱巷，色艺冠绝。徽宗自政和后，多微行，乘小轿子，数内臣导从往来李师师家。"

公元1126年，宋徽宗禅位给太子钦宗赵桓，后来金兵大举入侵，攻破汴京，徽宗与钦宗父子一同被俘，李师师也在其中。

二是自杀殉国。《李师师外传》中记载，金兵攻破汴梁时，金人也听闻李师师闭月羞花之貌，欲献给金太宗。然而主帅挞懒多次寻找未果。

后来叛臣张邦昌出卖了李师师。李师师誓死不屈，并义正词严地怒骂张邦昌："我虽为身份低微的妓女，但蒙皇帝眷顾，宁可一死也不愿寻找其他的出路，你是朝廷重臣，享受高官厚禄，朝廷有什么地方对不起你，居然事事都为了泯灭大宋社稷呢？"说罢，拔下头上的金簪自刺咽喉，未死，又折断金簪吞

李师师像

下，以身殉国。

清朝黄廷鉴《琳琅秘室丛书》也称赞了她的男儿气概："师师不第色艺冠当时，观其后慷慨捐生一节，饶有烈丈夫概，亦不幸陷身倡贱，不得与坠崖断臂之俦，争辉彤史也"。

三是嫁作商妇。北宋灭亡，徽钦二帝被金兵押解北去。"靖康之乱，师师南徙，有人遇之湖湘间，衰老憔悴，无复向时风态。"

宋人刘子翚《汴京记事》中有诗云："辇毂繁华事可伤，师师垂老过湖湘。缕衣檀板无颜色，一曲当时动帝王。"说的就是宋朝灭亡后，李师师南渡长江逃难，到了洞庭湖、湘水一带，从此流亡于江湖，过着颠沛流离的日子，缕衣檀板早已不知所终，虽然还能清歌一曲，舞亦蹁跹，但红颜易逝，师师已经不再是曾让身为皇帝的徽宗倾倒的那个绝色美人了。

宋人平话《大宋宣和遗事》中有同样的记述，只是增添了"后流落湖湘间，为商人所得"。

宋徽宗像

词国俊杰——李清照

李清照生于书香门第,父亲是礼部员外郎,母亲是状元王拱宸的孙女,她工诗善文,更擅长词,有"千古第一才女"之称。与丈夫赵明诚志同道合,致力于书画金石的搜集整理和诗文的创作。奈何世事变迁,金兵入侵中原,丈夫病逝,她流亡南方,晚景凄凉。

她的一生经历了有着浮华表象却危机四伏的北宋末年和战乱连年的南宋初年,这一点从她的诗作中可见一斑,她早期作品多写岁月的舒适恬静和生活的美好,后期多感怀身世,意境凄凉。后人认为她的词"不徒俯视巾帼,直欲压倒须眉"。她被称为"宋代最伟大的一位女词人,也是中国文学史上最伟大的一位女词人"。她的词作对宋词的发展起到了良好的推动作用。

书香才女

李清照的父亲李格非是宋徽宗时礼部员外郎,擅长诗文,在父亲的耳濡目染之下,李清照的闺阁生活充满了浓浓的书卷味,她时常在父亲膝头吟诗,到了少女时代便锦心绣口,出口成章。她从小就研习琴棋书画,尤其对前朝李思训、王维的金碧、水墨

两大画派尤为钟爱;学习书法临摹王献之的字帖,字迹娟秀,笔力老到;她精通音律,抚琴吟唱,音调谐美,引人赞叹。她的父亲时常感叹:"我的清儿巾帼犹胜须眉,若是男子,求取功名将如探囊取物一样容易。"

李清照的孩提时代是在家乡历城度过的。在她年纪稍长时,父亲李格非升任京官,她便随父母迁居东京汴梁。人才辈出且景色优美的家乡历城熏陶了她无忧无虑的童年时光,而繁华热闹的东京给了她开阔眼界的机会,城市里开放的社会风气和自由的文学气氛影响了她,让她在词作中表达感情自然大方,没有丝毫的扭捏造作。

十八岁时,李清照嫁给了时任吏部侍郎赵挺之的儿子赵明诚。赵明诚出身官宦世家,才华出众,尤其擅长金石鉴赏。二人门当户对,志趣相投,琴瑟和谐,互相切磋诗词文章,共同研究钟鼎碑石,有着说不尽话题,道不完的甜蜜。

后来赵明诚赴外地做官,一年又逢重阳佳节,家家户户登高团圆,李清照深闺寂寥,为排遣思念之情,她写下了《醉花阴》一首:"薄雾浓云愁永昼,瑞脑销金兽。佳节又重阳,玉枕纱厨,半夜凉初透。东篱把酒黄昏后,有暗香盈袖。莫道不销魂,帘卷西风,人比黄花瘦。"离别之情,相思之苦,借秋风黄花表现得真挚动人。

她将词作寄给了丈夫。赵明诚接到后,既被词中蕴藏的情感所打动,又对爱妻的才华赞赏不已,他不甘心落了下风,就闭门谢客,冥思苦想了三日三夜,作词五十阕并将《醉花阴》掺杂其间,请挚友陆德夫品鉴。陆德夫仔细斟酌,思量再三说:"只三句绝佳。"赵明诚问是哪三句,陆德夫回答说:"莫道不销魂,帘卷西风,人比黄花瘦。"正是李清照《醉花阴》中的词句,赵明诚对妻子的文采佩服得五体投地。

藏书名家

李清照夫妇家境都很殷实,但是为了两人共同的爱好,他们"食去重肉,衣去重彩,首无明珠翡翠之饰,室无涂金刺绣之具。"每逢初一和十五,他们都要到开封相国寺一带的古玩市场上去搜集名人书画和古董漆器,每当看到心爱的书卷,便如获至宝,共同把玩校勘。赵明诚曾对李清照说:"宁愿饭蔬衣简,亦当穷遇方绝域,尽天下古文奇字。"他们的书斋"归来堂"藏书丰厚,单是钟鼎碑碣之文书就有两千卷之多。

在山东青州老家隐居的十多年中,他们常常在四壁书卷的"归来堂"中烹煮香茗,谈经论史,欣赏碑帖,校对典籍,自认为人间之乐莫过于此了。夫妇二人常常指着案卷上堆积如山的书籍,说出书中某页记载的内容,胜者可以先饮茶,李清照才思敏捷,往往更胜一筹。每当得胜,李清照便得意地开怀大笑,茶水都倾覆

李清照塑像

到衣服上了。

夫妻二人也常常谈论诗文,一天,赵明诚说:"我喜欢你那'惊起一滩鸥鹭、夹衫乍著心情好、梨花犹谢恐难禁'一类句子,不事雕琢,浑然天成。可是我为了追求这个境界,往往冥思苦想,反倒弄巧成拙了。"李清照说:"在我幼年时,常听父亲说,诗词不是刻意去做的,如果真的做不出诗句,就不要勉强去做了。像陶渊明的《归去来兮辞》,字字句句仿佛发自肺腑,这都是他睹物生情,情景交融,有感而发,才能使人心意为之牵动,如果只是刻意追求辞藻的华丽和语句的新奇,那诗词就味同嚼蜡了。"

随着北方金兵攻到了汴京,宋高宗南逃,战乱四起,李清照夫妇也辗转随难民流落江南。在硝烟战火和颠沛流离中,赵明诚在建康病逝。赵明诚死后,流言蜚语散播开来,说他勾结金人,曾将稀世珍宝石壶献给金国。

为了证明自己深爱的丈夫的清白,李清照决定将多年收藏献给宋高宗。她带着她和赵明诚穷毕生精力搜集的书籍文物追随着皇上远去的方向,乘船辗转迁徙,投亲靠友,从南京到越州,经明州、奉化、宁海、台州,然后漂泊到海上,又过海到温州,皇帝最后回到杭州,她追至杭州。

在她辗转流离期间,贫病交加,身心憔悴,而她寄存在洪州的两万卷书,两千卷金石拓片被金兵抢劫一空,随身携带的五大箱文物又被贼人盗走,多年的心血毁于一旦,让她心力交瘁,痛不欲生,却仍用自己的坚韧与顽强守护着丈夫的声名,虽历尽磨难而无悔。

晚年的李清照深深沉浸在感情生活的痛苦和对国家民族的忧心中,然而在那个时代,"女子无才便是德"仍是社会的主流,李清照虽才华横溢,却无法得到社会的认可。她一生没有子嗣,院落冷清,晚景凄凉。一位孙姓旧友不时来访,带着他十岁的小女儿,女孩兰质慧心,聪明通透,深受李清照喜爱,便对她说:"我年事已高,愿将生平所学倾囊相授。"没想到女孩回答:"才藻非女子事也",意思是说撰写文章,显露文采不是女子应该做的事情。令李清照伤心之余也深深地失望。

政局的不断变化和动荡也影响了李清照的生活,宋徽宗生活奢靡,穷奢极欲,激起各地起义,金军南下,北宋灭亡,宋室南渡,国号改为"建炎",赵构成为南宋的首位皇帝。在金人铁蹄的践踏下,南宋王室昏庸腐败,自毁长城,国家山河危在旦夕。

建炎三年,赵明诚遭到朝廷罢黜,夫妻二人到洪州暂住,面对世事变迁,两人谈论的多是忧国忧民的情怀。李清照"虽处忧患穷困而志不屈",说:"泱泱华夏,英雄豪杰辈出,以大宋为例,李纲李枢相受命于危难之际,以文臣的身份,行使武将的职能;宗泽宗以孤军守危城,大军当前,毫无畏惧之色;连那位年轻的太学生陈东,面对国家危难,几次上书谏言,终被朝廷杀害,但他的一身浩然正气却长留青史。"

赵明诚答道:"以前的蜀国国王望帝,爱民如子,他将自己的王位禅让给了贤能之后,还日日夜夜思念故国,终于化作

李清照像

啼血的杜鹃,昼夜不停地对千百年来的帝王叫道:"民贵呀!民贵呀!"如今世事多舛,又有谁怀念我这风雨飘摇的故国呢?

船驶入和州境内时,李清照指着河水对赵明诚说:"那就是楚霸王自刎的乌江啊,你刚才说得不错,望帝牵挂故国,化作杜鹃,啼血劝诫,他的一腔热血全部化作了盛开的杜鹃花,映红了山岭。楚霸王群雄逐鹿,不幸被围垓下,一代枭雄宁可赴死,也不愿渡江苟且偷生,这比那些只顾保全性命,置黎民百姓于水火的人要有气节的多啊!"

李清照塑像

说着她胸中豪情涌动,诗兴勃发,朗声吟到:"生当作人杰,死亦为鬼雄。至今思项羽,不肯过江东。"一首雄浑奔放的《夏日绝句》酣畅淋漓地表达出项羽的宁死不屈与徽宗父子的丧权辱国之间的强烈反差。

金兵的肆虐激起她强烈的爱国情感,她积极主张北伐收复中原,可是南宋王朝的腐朽无能和忍让退避让李清照的希望化作泡影,最终她贫困交加,寂寞漂泊,在愁苦和悲愤中度过余生。

巾帼侠骨——严蕊

严蕊原姓周,字幼芳,南宋女词人。她出身书香门第,自小习乐礼诗书,通晓古今,才华横溢。南宋淳熙时期,家境败落,沦为台州营妓,取艺名严蕊,色艺双绝,琴棋书画,丝竹管弦、歌舞对弈无一不精,善能作诗词,句子自出新意,语意含蕴明媚,四方闻名,常有倾慕者不远千里慕名来访。

文采风流

南宋淳熙九年,唐仲友任台州知府,他也是当世才子,文采风流,早听闻严蕊才艺出众,一次适逢良辰,桃花盛开,满园姹紫嫣红,甚是妖娆,唐仲友便邀请严蕊到府上诗酒唱和、歌舞助兴。唐仲友存心试试严蕊的才气,当场命她以满园桃花为题,填词一首,严蕊稍加思索,即填了一首《如梦令》:道是梨花不是。道是杏花不是。白白与红红,别是东风情味。曾记,曾记。人在武陵微醉。

唐仲友听毕,为她的才华与机智叹服,重赏严蕊两匹缣帛。

又一天恰逢七夕,唐仲友在府中大摆筵席。席间,一位座上客谢元卿也是豪爽之人,他一向听闻严蕊才名之高,今日见其肤如凝脂,乌发云簪,明眸皓齿,妙曼流转,抚筝而歌,出口成章,件

件动人,十分感叹:"果然名不虚传!"兴致越发高涨,连饮数杯。他久慕严蕊才名,请她以"七夕良宵为题,以自己姓氏谢为韵,赋一小词"。严蕊推托不过,填了一首《鹊桥仙》,娓娓道来:"碧梧初出,桂花才吐,池上水花微谢。穿针人在合欢楼,正月露、玉盘高泻。蛛忙鹊懒,耕慵织倦,空做古今佳话。人间刚道隔年期,指天上、方才隔夜。"

词已吟成,谢元卿赞叹道:"词新奇应景,佳人才思敏捷,真是天上仙子啊!"

颇有气节

南宋淳熙九年,台州知府唐仲友为当时名妓严蕊、王惠等四名官妓从乐籍上除名,放她们从良。因唐仲友的永康学派反对浙东常平使朱熹的理学之说,朱熹接连上书皇帝要罢免唐仲友,在奏折中就谈及了唐仲友与严蕊风花雪月,饮酒作乐,有伤风化之罪,并下令黄岩通判将严蕊抓捕入狱,施以鞭笞之刑,想要屈打成招。

两个月余,一再严刑拷打,几番欲死。但严蕊气节刚烈,宁死不从,她说:"我身份卑贱,即使与唐太守有苟且之事,罪不至死,然而这是莫须有的罪名,我又怎能抛弃名节,诬陷他人!纵然我命丧黄泉,也不会做出此等事来。"任他朝打暮骂还是不肯招供。朱熹痛恨严蕊嘴硬,却也拿她没有办法。

此事传到朝堂之上,大臣议论纷纷,震动了孝宗皇帝,他将朱熹调任,由岳飞后人岳霖重审此案,岳霖将严蕊释放,问其归宿,严蕊借物咏志,作《卜算子》一首回答:"不是爱风尘,似被前缘误。花落花开自有时,总赖东君主。去也终须去,住也如何住!

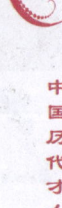

严蕊像

若得山花插满头,莫问奴归处。"

"不是爱风尘,似被前缘误。"这是她身陷风尘而心自高洁的象征,是她高标逸韵品格的自然流露。"花落花开自有时,总赖东君主。"喻自身命运,一生俯仰随人,不能自主,有深沉的哀伤之意。"若得山花插满头,莫问奴归处。"悠悠的倾诉,与世无争的淡泊,道尽了严蕊对自由的向往和渴望。

严蕊以含蓄的方式,不卑不亢,婉转但又明确地表达了自己的意愿,这是一位身处卑贱但尊重自己人格的风尘女子的一番委婉而有风骨的自白。岳霖判定她从良后,被赵宋宗室纳为妾室,赵宋宗室深为严蕊的才貌得意,也没有再娶。

古往今来,绝色佳人不计其数,有才名妓更是不胜枚举,她们巧笑倩兮,美目盼兮,或因胆略才情,或因貌美艺高而声名远播,严蕊被人记住的却是她的铮铮傲骨,宛如一朵临风桃花,千百年后依旧香如故。

断肠才女——朱淑真

朱淑真，号幽栖居士，宋代女诗词家，是唐宋以来留存作品最丰盛的女作家之一。她生于仕宦之家，父亲曾在浙西做官，家境优裕。她自幼聪颖，博通经史，能文善画，自称"翰墨文章之能，非妇人女子之事，性之所好"则是北宋人无疑"。

有人据朱淑真《璇玑图记》作于绍定三年，定为南宋人。但魏仲恭《断肠诗集序》作于淳熙壬寅，则绍定当为绍圣，与魏夫人生世相合。她出生于仕宦家庭。父亲曾经"宦游浙西"。朱淑真少喜读书，情之所钟"闷怀脉脉与谁说"的孤独之感。

到了婚嫁之龄，听从父母之命嫁给一名品性粗鄙、与自己志趣迥异的官吏。知音难觅，所适非偶，心灵难以沟通，郁郁而终。她的诗词多抒写个人爱情生活，早期笔调明快，文辞清婉，情致缠绵，后期则幽怨哀婉。世人称之曰"红艳诗人"。

少女憧憬

朱淑真生长在风景如画的钱塘，芳草萋萋、长堤百里、荷花摇曳、雕梁画栋、亭台水榭，美好的环境给了她美的熏陶，她终日赏花吟月，赋诗抚琴，读书绘画，尽情玩乐，过着天真烂漫的少女生活:"淡红衫子透肌肤,夏日初水长阁虚。独自凭阑无个事,水风凉处读文书。"炎炎夏日凭栏处,一袭红装也醉人。春意撩人,少女懵懂,朱淑真也憧憬着找到能诗善文、才情横溢的佳偶,与自己志同道合,吟诗作赋,写下了"初合双鬟学画眉,未知心事属他谁?待将满抱中秋月,分付萧郎万首诗"的句子,期待着在美好的未来,他为她轻描双鬟,她为他红袖添香。

多才多艺的女子总是对未来怀着美好的幻想,待字闺中的朱淑真,幻想着,等待她的将是一片美丽的芳园,那里花开千朵,蝶舞成群。缤纷的花丛中,有个美少年伫立踟蹰,等待她走近,牵

朱淑真像

她的手,俘获她的心。于是,她在向往和憧憬中,用诗歌编织着心中的爱之梦。

从诗中推测,少女时的朱淑真似乎有一个意中人,他应该和她两情相悦,惺惺相惜。她在一首诗中这样写道:"门前春水碧于天,座上诗人逸似仙。白璧一双无玷缺,吹箫归去又无缘。"朱淑真和一个男子在诗会上相遇,他是白面书生,飘逸如仙。

此后,她和他有过一些约会,这首《清平乐·夏日游湖》记述了相会的喜悦:"恼烟撩露,留我须臾住。携手藕花湖上路,一霎黄梅细雨。娇痴不怕人猜,和衣睡倒人怀。最是分携时候,归来懒傍妆台。"

在那清规戒律森严的封建时代,朱淑真能写出这样的艳词,需要多么大的勇气。这种思想,在那个时代,是多么的难能可贵!然而,对于爱情寄予的希望越大,这种理想不能实现时,内心的痛苦就越深重。

理想与现实的落差,很快打破了淑真的爱情之梦,瞬间的眩晕后,淑真不幸跌入痛苦的深渊。小女子这么胆大包天,父母岂能容忍?于是,父母日夜相逼,19岁的淑真迫于无奈,违心地嫁给了一个俗吏。

既然已嫁作他人妇,淑真对丈夫就存在一份念想,希望他能和自己携手相牵,走过人生的丽日风雨。婚后的淑真,随夫宦游于吴越荆楚之间,因不堪颠沛生活,返回家乡。据传,她曾作一《圈儿词》寄夫。信上无字,尽是圈圈点点。夫不解其意,于书脊夹缝见蝇头小楷:"相思欲寄无从寄,画个圈儿替。话在圈儿外,心在圈儿里。单圈儿是我,双圈儿是你。你心中有我,我心中有你。月缺了会圆,月圆了会缺。整圆儿是团圆,半圈儿是别离。

我密密加圈,你须密密知我意。还有数不尽的相思情,我一路圈儿圈到底。"夫阅信,顿悟失笑,次日一早雇船回海宁故里。

这首《圈儿词》既表现了淑真的才气,又把她的含蓄幽默演绎得淋漓尽致。从词中看,她和丈夫之间还是有些欢愉的。

开始时,她还对丈夫抱着很大的幻想,希望他心怀大志,功业有成,并多次作诗勉励他。可惜丈夫和她就像两条平行的铁轨,总也找不到爱的交集。丈夫在吴越荆楚间辗转做官,满口官腔,浑身都是铜臭味;他一心钻营,搜括钱财,喜爱美色,公事之余就泡在烟花之地中鬼混。

朱淑真对丈夫不满的感情从她的诗中流露出来。"从宦东西不自由,亲帏千里泪长流。已无鸿雁传家信,更被杜鹃追客愁。"可见丈夫所热衷的仕途生活与淑真的生活趣味大相径庭;"山色水光随地改,共谁裁剪入新诗",波光山水,淑真只能独自吟咏诗词佳句,丈夫不擅诗词,不能和她同赏共吟。

嫁入官宦之家,成为一位上流社会的贵妇人,这是多少女子的人生追求。假如朱淑真能够安于现状,随遇而安,甘心做一名富贵妻,也许她就不会这么悲苦。可是她偏偏要苦苦地挣扎,寻求内心那份真实的感情,可是她越抗争,就越悲苦。

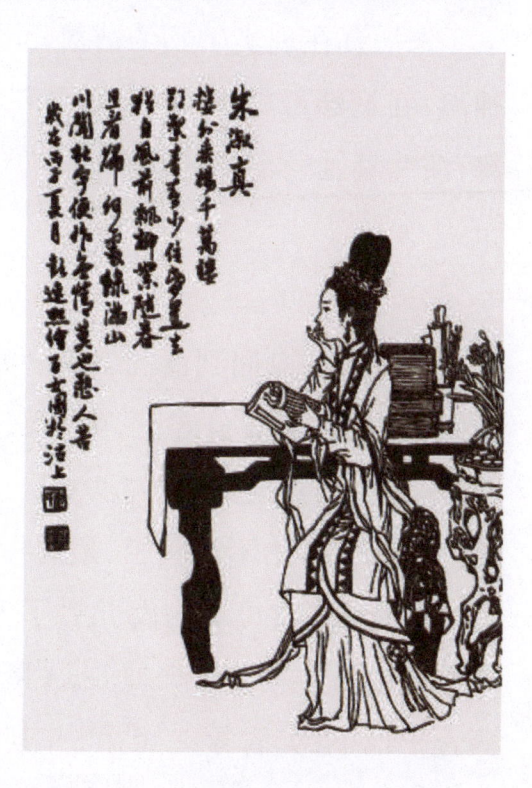

朱淑真像

对抗的背后是无畏的牺牲,悲与伤由此倾泻,流淌一生。她就像一株傲岸的黄花,悬崖独自开,铸就了一生的孤独和决绝。于是,她只得用回忆慢慢疗伤,重温着曾经的一幕幕。

"斜风细雨作春寒。对尊前,忆前欢,曾把梨花,寂寞泪阑干。芳草断烟南浦路,和别泪,看青山。昨宵结得梦夤缘。水云间,悄无言,争奈醒来,愁恨又依然。展转衾裯空懊恼,天易见,见伊难。"回忆虽然给她的心灵带来了一抹亮色,但人终是活在现实里的。

回忆越美,内心越是痛苦无助。于是,那一首首令人断肠的诗句便从她的笔下汩汩涌出:"绿满山川闻杜宇。便做无情,莫也愁人苦""芭蕉叶上梧桐里,点点声声有断肠""恰似楚人情太苦,年年对景倍添愁""山亭水榭秋方半,凤帏寂寞无人伴"。

朱淑真在现实婚姻的藩篱里,和自己的丈夫朝夕相处,貌合神离;在泡沫般的怀念中,思念着心中的那个人,情感寂寞的独舞,演绎着她一个人的倾国倾城。

《断肠集》

朱淑真只身回到浙江钱塘的娘家,周围和娘家的人,都认为她对夫不忠,不安分守己,失了妇道,有些人把她的生活说成是"桑淄之行",甚至贬她为"泆女"。各种污言秽语纷至沓来,淑真在种种压力下抬不起头了,最后投水而死。

她死后,父母认为女儿丢了家族的脸面,把她写下的那些"淫词艳语"一把火烧掉。据《断肠集序》中说:"其死也,不能葬骨于地下,如青冢之可吊,并其诗为父母一火焚之,今所传者百不一存,是重不幸也,呜呼冤哉!"可是,家人不爱她,自有人爱

之。一个喜爱她诗词的魏仲恭,在钱塘的市井之间,搜集她的断简残篇,集诗名曰《断肠集》,集词名曰《断肠词》。

不知道在把投水的那一刻,她是否想起了那个青衫潇洒的少年。"去年元夜时,花市灯如昼。月上柳梢头,人约黄昏后。今年元夜时,月与灯依旧。不见去年人,泪湿春衫袖。"

在朱淑真的花样年华里,有过期盼和张望,有过缠绵和炽烈,后来却因"羽翼不相宜"的婚姻,一一葬送。当游离于婚姻之外的爱情在流年中消散,一切曾有的绚烂

朱淑真像

如同幻觉,绝望成为最后的姿势。

朱淑真的一生,希望活得真实,爱得饱满,她清醒地行走在心灵的阡陌之上,渴望与知音携手同游,共度一生,可是寻寻觅觅中,因何对酒,与谁和歌?

才华盖世——管道升

管道升，字仲姬，一字瑶姬，元代著名书法家、画家、诗词创作家。她自幼勤习书画，笃信佛法，聪颖慧敏，仪雅多姿。嫁与元代吴兴书画名家赵孟頫为妻，封吴兴郡夫人，世称管夫人，后册封为魏国夫人。尤擅画墨竹梅兰，笔意绝妙，又工山水、佛像、诗文书法，有"翰墨辞章，不学而能"之称。

书画双绝

管道升绘画以墨竹见长，师承"文湖州"，兼工山水、佛像。其笔下之竹，劲挺爽健，兼具潇洒玉立之姿，虚实相间，构思巧妙，笔墨淡雅，疏密有致。她于仁宗皇庆三年画了一副竹子长卷，竹枝风骨傲人，竹叶飘洒俊逸，还题有"竹势撒崩云触石，应是潇湘夜雨时"的诗句。

她为人慈善，笃信佛法，常画佛像、抄佛经馈赠高僧名寺。她在湖州瞻仰佛寺时，在墙壁上画了《竹石图》一幅，高约丈余，宽一丈五六，巨石以飞白手法画成，墨竹颇有风骨又秀丽挺拔，"笔意清绝，颇有韵味"。一时间引得四方游人蜂拥而至，争相观赏，

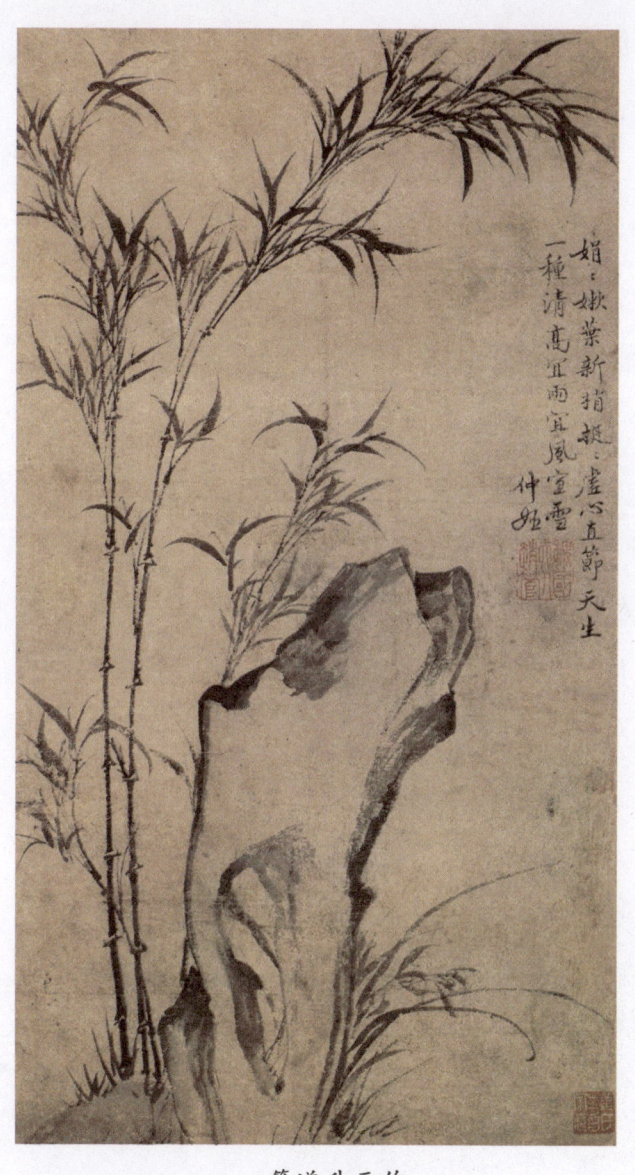

管道升画作

寺院的铁门槛被络绎不绝的游人踏得锃亮。

管道升的书法深受赵孟頫影响,工尺牍行楷和小楷,她的小楷秀媚圆润、清闲自由;行草幽新俊逸,畅朗劲健。

据说,她当年"写璇玑图诗,五色相间,笔法工绝。"她还手书《金刚经》数十卷,赠与名山古刹,高僧大师,广结善缘。她的书法名噪一时,轰动朝野,就连皇帝都为之倾倒。元仁宗尝将赵孟頫、管道升及赵雍书法合装一卷轴,作为御宝,藏之秘书监,曰:"使后世知我朝有一家夫妇父子皆善书,亦奇事也。"

赵孟頫晚年晋升为翰林学士承旨、荣禄大夫,官居从一品,权倾朝野,但赵孟頫是宋室后裔,如今入元为官,在朝廷中总是受人牵制,满腔抱负得不到施展,闷气郁结于胸,潜心于书画以排遣。

延禧四年，元仁宗册封赵孟頫为魏国公，册封管道升为魏国夫人，尽管她身份显贵，但她却从不贪恋荣华富贵。管道升曾作《渔父词》四首，以物寓志，借事抒情，劝赵孟頫归隐田园。

管道升所留诗文不多，一次皇太后在兴圣宫召见她时，她以梅花为题，奉懿旨赋诗："雪后枝琼嫩，霜中玉蕊寒；前村留不得，移入画中看。"文采素雅，意境悠远，诗中见画，情景交融，是诗作中的清雅之作。

管道升身为命妇，打理家庭琐事及往来应酬，使她的思想成熟、性情严谨，而赵孟頫作为有名的江南才子，风流不羁。赵孟頫曾在大都任职，不久又先后调任济南、江浙等江南繁华风流之地。管道升独留大都，而丈夫已赴外就任两年有余，凭着女人的敏感，她画竹一幅寄给外出的郎君，题诗云：夫君去日竹新栽，竹已成林夫未来；玉貌一衰难再好，不如花落又花开。

果然，赵孟頫曾有一次想纳妾，但又不便明说，于是作了首小词给妻子示意："我为学士，你做夫人，岂不闻王学士有桃叶、

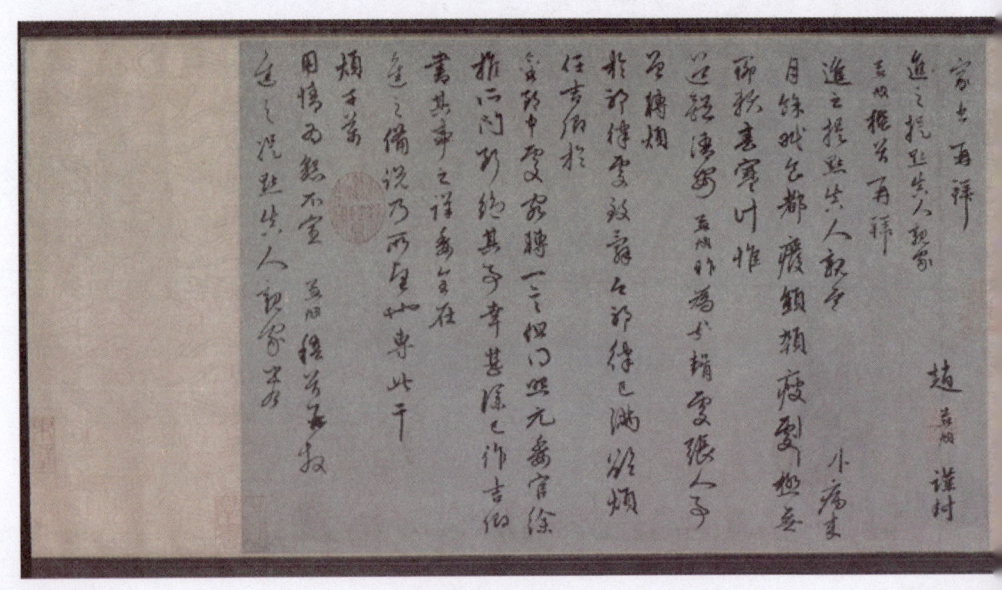

管道升尺牍合卷

桃根,苏学士有朝云、暮云。我便多娶几个吴姬、越女无过分,你年纪已四旬,只管占住玉堂春。"

在这婚姻危机的关键时刻,管道升表现出她过人的智慧,游刃有余地化解了危机。她作了《我侬词》一首回应丈夫:"尔侬我侬,忒煞情多;情多处,热似火;把一块泥,捻一个尔,塑一个我。将咱两个一齐打破,用水调和;再捻一个尔,再塑一个我。我泥中有尔,尔泥中有我:我与尔生同一个衾,死同一个椁。"

赵孟頫看到这首词后,回想起二人有缘能成为眷属,一同研习书法绘画技艺,相得益彰、珠联璧合,而多年来同心同德、相敬如宾,相濡以沫,不由得深为感动,再没提过纳妾之事。《我侬词》也成为伉俪情深意笃的千古绝唱。

贤妻良母

至元二十六年,管道升之子赵雍出生。管道升不仅是一位盛世才女,温婉良妻,也是一位言传身教的慈母。管道升曾在一首

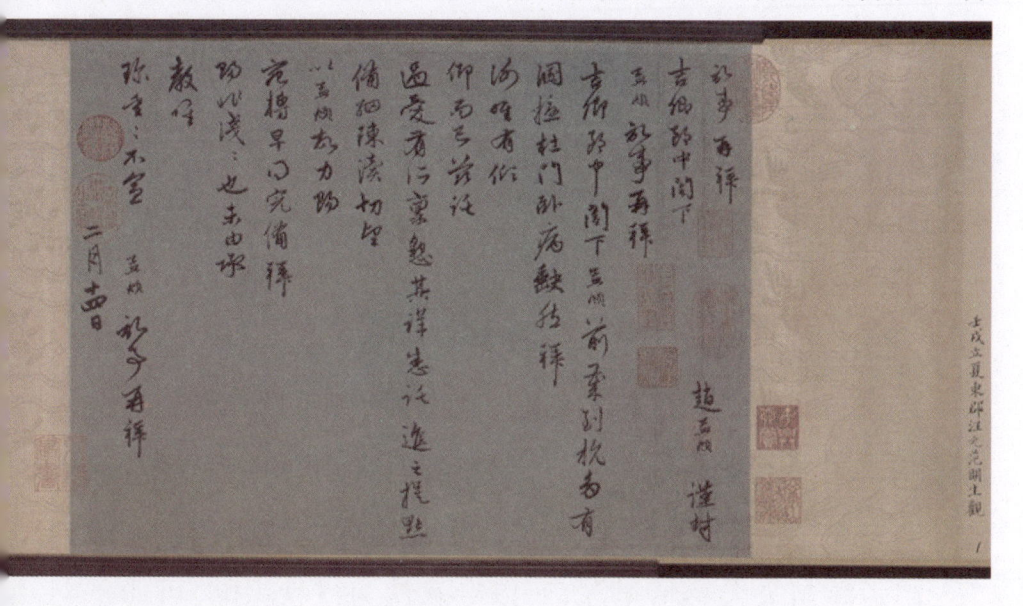

《题画》的诗中写道:"春晴今日又逢晴,閒与儿曹竹下行。春意近来浓几许,森森稚子石边生。"借森森竹笋表达对子女的殷殷期望。

管道升相夫教子,传承书香画艺,栽培子孙后代,"赵氏一门"流芳百世,三代人出了七个大画家。赵雍、赵麟、赵彦正名冠一时。其外孙王蒙工书法,尤擅画山水,与倪云林、黄公望、吴镇齐名并有交往,后人称"元四家"。他能有此成就,也缘于出身书画世家,耳濡目染,得天独厚。

管道升十分贤良淑德,赵孟頫曾经称赞她"处家事,内外整然,岁时奉祖先祭礼,非有疾必齐明盛服。躬致其严。夫族有失身于人者,必赎出之。遇人有不足,必周给之无所吝,至于待宾客,应世事,无不中礼合度"。

一日,赵孟頫与管道升在宅院中凉亭内欣赏秋日胜景,忽然接到一封书信,是管道升娘家婶婶所寄,信中备叙思念之情,希望他们能回乡一叙。赵孟頫体谅夫人思亲之苦,但奈何公务缠身,他差人专程买来果脯蜜饯等当地特产,夫妻二人命人展纸研墨,回复家书,以管道升的口吻写道:"道升跪复婶婶夫人妆前,道升久不奉字,不胜驰想,秋深渐寒,计惟淑履请安。"表达了他们对长辈的敬意和思念。

虽然只是一封给婶婶问安、馈赠的家信,但是这封家书一气呵成,气韵流动,这就是流传至今的著名国宝书帖《秋深帖》。全帖为行书,其笔力雄健、体态修长,饱满圆润,颇具神采。只是在这帖页末尾的落款虽然署名管道升,却可以看得出是经过涂改的。

赵孟頫与夫人感情至深,所以专家认为,《秋深帖》可能是赵孟頫代替夫人管道升所写。《秋深帖》笔体典雅大气，与赵孟頫的行书特点相契合。可能是赵孟頫代夫人回复家信，落款时一时忘情，署上了自己的名字，深爱妻子的赵孟頫觉得不妥，又改了过来。这封家书究竟是夫妇二人谁人所做已经无从考证了，却体现出赵孟頫浓浓的爱妻之情。

在那个时代，妇女在社会伦理义务的沉重负担下，还能够表现出诗情画意的浪漫生活情趣，超脱凡尘世俗之外，又能留下才学美誉是很难得的。

延祐五年，管道升旧病复发，赵孟頫多次上书请求，次年四月，方得准送夫人南归。延祐六年五月十日，管道升病逝于舟中。

赵孟頫为她亲笔撰写了《魏国夫人管氏墓志》，表现了对爱妻的深切怀念和沉痛悼挽，也是一代艺术大师对高山流水得遇知音的无限感慨。三年后，赵孟頫去世。两人合葬于湖州德清县东衡山南麓。

管道升像

明敏多情——马湘兰

马湘兰,明代秦淮八艳之一,原名马守真,小字玄儿,又字月娇,因在家中姐妹四人,她排行第四,人称"四娘"。她貌不惊人,但神情开涤,如出谷黄莺,吐辞流盼、善解人意、博古通今。她为人旷达,轻财好士,能诗善画,画兰堪称一绝,故有"湘兰"之称。她的作品不注重对兰花外形的刻画,而重在表现兰的潇洒之姿以抒发内心飘逸之气,反而多了些野趣。当年曹雪芹的祖父曹寅,曾接连三次为《马湘兰画兰长卷》题诗。《历代画史汇传》中评价她的画技是"兰仿子固,竹法仲姬,俱能袭其韵"。

明末政治腐败,社会动乱,马湘兰自幼丧母,父亲是湖南一个县令,由于所管辖的地区发了洪水,渔民暴动,许多百姓丧命,作为地方官难辞其咎,被皇帝就地赐死。父亲老泪纵横,让管家将八岁的女儿马湘兰带给淮阴的一位亲戚抚养。谁知这管家有负主人所托,将马湘兰卖到了南京的妓院,马湘兰在妓院中学习吟诗作画,抚筝弹琴,当她十六岁豆蔻年华的时候,就已在南京颇有名气了。

南京为六朝古都,自古就是形胜之地,虎踞龙盘,当时民间就有"江南佳丽地,金陵帝王洲"之说。尤其是秦淮河十里风月,亭台水榭林立，红粉佳人如云，是全国最为繁华，名声最为显赫的烟花之地。马湘兰眉目纤细，皮肤白皙，闲静时如姣花照水，行动处似弱柳扶风。她声如黄莺婉转，神似海棠娇媚，博古通今，引人入胜。

门前宾客多是些颇识风韵的文人雅客。史称"姬声华日盛，凡游闲子沓拖少年，走马章台街者，以不识马姬为辱"。曾有一少年对她的风姿深深迷恋，指江水盟誓娶她为妻。马湘兰不愿他自误青春，劝慰说："宁有半百青楼人，才扎箕帚作新妇也"，少年不肯放弃，马湘兰只得凭借官府的力量摆脱他的纠缠。在她五十六岁时，为昔日恋人王稚登贺寿，依旧引人竞睹风姿，时人称其"容华少减，风韵如故"。

马湘兰意气豪侠，轻财重义，毫无市井之气，"时时挥金以赠少年，步摇条脱，每在子钱家，弗翻也"。她身上的裙钗首饰等物常常被典当，用来购买书画古董等风雅之物或接济贫民志士。有一次，一个小丫鬟失手跌碎一把玉簪，她不但没有责怪，反而说玉碎的声音真是清脆美妙

马湘兰作品

啊。

马湘兰气质仿若兰花般出尘脱俗,她爱兰、知兰,所绘兰花图和兰花诗堪称一绝。她在美女如织的秦淮河畔并不以容貌取胜,而是以其如兰品性和超逸的画兰造诣博得芳名。姹紫嫣红中她只爱兰之高洁。她的宅第位于秦淮河畔,修建得十分雅致,取名"幽兰馆"。

她将宅院里种满各色兰花,凭着自己的兰心蕙质,领悟兰花清灵优雅的气韵,将兰花的风姿尽现于画中。她也如一株空谷幽兰,吐芳于世,却又遗世独立。

"空谷幽兰独自香,任凭蝶妒与蜂狂。兰心似水全无俗,人间信是第一芳。"因她常在画幅中题名"湘兰子",所写的两卷诗集,也命名为《湘兰集》,因而世人以"马湘兰"称之,真名反而很少被提及了。她的诗文和画作成为文人雅客争相追捧的雅事,她也成了许多江南才子王孙贵胄追逐的对象。

藐视权贵

马湘兰因画兰的造诣不凡而声名远播,她的作品成为世人竞相收藏的珍品。就连当时权倾朝野的大太监魏忠贤也想附庸风雅一番。于是派手下前去讨画。

湘兰虽为青楼女子,但心性甚高,不愿屈从于奸人,她知道魏忠贤结党营私,网罗党羽,混乱朝纲,陷害忠良,如今见他的手下前来讨画,心中厌恶,但又不想惹火烧身,忽生一计。

她精心绘制了一幅兰花图送到魏忠贤的府上。画中兰花枝叶缠绵,意境深远,画卷之中一股馥郁香气隐隐发散,令人称奇。魏忠贤视若珍宝,整日把玩,还举行了一场盛大的赏兰大会,召

集京城文人名士共同品鉴,待画卷当众展开时,一股难闻的骚味传了出来,众人十分纳闷,但又不敢发问,只能暗自偷笑。

原来马湘兰绘画时,用小便磨墨,又在上面撒了香粉,令画作香气浓郁,几日之后,香气散去,尿骚味便出现了。大太监魏忠贤被一个小女子戏弄了,一时传为市井笑谈。

马湘兰像

虽然马湘兰的门前车马喧哗,客人络绎不绝,但她内心深处其实是寂寞寥落的。暮春午后,细雨轻斜,庭院深深,落红残蕊,马湘兰面对雨打风吹后的惨淡景象,孤寂之情涌上心头,结成一阕《蝶恋花》:阵阵残花红作雨,人在高楼,绿水斜阳暮,新燕营巢导旧垒,湘烟剪破来时路,肠断萧郎纸上句!三月莺花,撩乱无心绪,默默此情谁共语?暗香飘向罗裙去!

在她二十四岁那年,一位落魄才子——长洲秀才王稚登闯入了她的生活。王稚登自幼才华横溢,四岁能属对,六岁善擘窠大字,十岁能诗,他在嘉靖末年游仕到京师,成为大学士袁炜的座上客,却因袁炜得罪了当朝权贵而受到牵连,仕途难继。他回到故乡江南后,心灰意冷,整日流连在烟花之地。

一日,王稚登偶然来到"幽兰馆",与马湘兰言谈之中颇为投缘,深交之下,都叹相见太晚。从此,王稚登经常进出"幽兰馆",与马湘兰煮酒欢谈,品评幽兰,十分契合。他们是知己,也有诗

画情缘。

马湘兰新作的画作往往请王稚登第一个鉴赏，并请王稚登题诗作跋。诗集《湘兰子集》也由王稚登为之作序。王稚登送了一方珍贵的歙砚给马湘兰，才思敏捷的马湘兰用王稚登的字"百谷"写了几句砚铭："百谷之品，天生妙质。伊似惠侬，长居兰室。"

一次，王稚登向湘兰求画，湘兰当即为他画了一幅《叶兰图》，这是马湘兰独创的一种画兰法，仅以一抹斜兰，一支幽茎，托举一朵悠然绽放的兰花，仿佛漫溢着醉人心魂的幽香，芳魂傲骨，气质杳然，兰花空灵静美的气韵一览无余。画上还题了一首七言绝句："一叶幽兰一箭花，孤单谁惜在天涯？自从写入银笺里，不怕风寒雨又斜。"她以叶兰的幽寂无依，款款诉说心曲，含蓄地表达了自己希望以身相许的心意。

马湘兰意犹未尽，又蘸墨挥毫画了一幅《断崖倒垂兰》，并题诗：绝壁悬崖喷异香，垂泪空惹路人忙；若非位置高千仞，难免朱门伴晚妆。

以幽兰自喻，让王稚登明白自己并不是水性杨花的随风拂柳，而是绝壁上遗世独立的孤兰，非凡夫俗子所能一亲芳泽。

王稚登深知马湘兰痴情

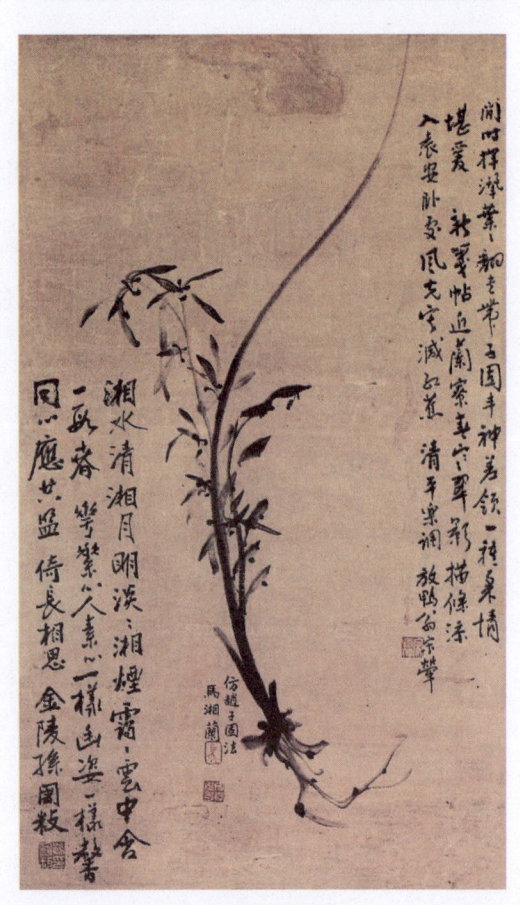

马湘兰画作

重义，但自己前路未卜，胸中一番雄心壮志未酬，恐怕难以给马湘兰幸福的生活。所以尽管他也对马湘兰十分爱慕，却不敢给她承诺，陷入了惆怅忧郁当中，故意装作不解诗中情怀。马湘兰见王稚登并没有回应，以为对自己无意，不由得暗自伤怀，但她又无法忘却王稚登。从此，二人将彼此的思慕之情埋藏在心底。

北上出仕

不久后，京都大学士赵志皋举荐王稚登参加编修国史工作，王稚登以为抱负得展，意气风发地登舟北上，打算功成名就之后，就接湘兰同享举案齐眉之福。但前途未卜，王稚登未吐露心中所想。马湘兰为他设宴饯行，悲喜交集，既为爱人的离别而伤悲，又为他的得意而欢喜。

送走王稚登后，马湘兰闭门谢客，专心等待王稚登衣锦荣归，自己能够与爱人常伴身边。她举杯慨叹："自君之出矣，不共举琼卮；酒是消愁物，能消几个时？"春去秋来，季节转换，却没有丝毫音讯，马湘兰在幽兰馆吟一首《秋闺曲》，聊寄思念情怀：芙蓉露冷月微微，小陪风清鸿雁飞；闻道玉门千万里，秋深何处寄寒衣。

天不遂人愿，王稚登虽然进京后做了编史，但受到宰辅徐阶手下文人的排挤，只让他做一些辅助的工作。他勉强撑到岁末，看到希望渺茫，索性收拾行装，毅然南归。二次仕途失意，他更觉得无颜面对马湘兰，于是他定居在姑苏，与身居金陵的马湘兰仍然保持着书信往来，三十年不曾间断。三十年间，马湘兰偶尔会去姑苏探望王稚登，与他畅谈心事。随着年华渐逝，容颜日衰，宾客也一天天减少，马湘兰把对王稚登的痴情深深地埋藏在了心

底,像幽兰暗自吐芳一样暗自饮泣,她的落寞和凄怆在这首《鹊桥仙》中表露无遗:深院飘梧,高楼挂月,漫道双星践约,人间离合意难期。空对景,静占灵鹊,还想停梭,此时相晤,可把别想诉却,瑶阶独立目微吟,睹瘦影凉风吹着。

万历三十二年,王稚登迎来他的七十寿辰,对他来说世俗功名荣辱大抵已是过眼云烟。此时的王稚登分外怀念与马湘兰相处的有情岁月。他想起"余与姬有吴门烟月之期,几三十年未偿",写信邀马湘兰来赴这段陈年旧约。

于是,马湘兰集资买船载歌妓数十人,专程从金陵赶到了苏州为王稚登祝寿。宴饮累月,歌舞达旦,她也重展歌喉,高歌一曲,王稚登听后心中百感交集。在姑苏盘桓了两个多月后,马湘兰已是心力交瘁,在回到金陵不久后,她斋戒沐浴,命人在"幽兰馆"中摆满盛开的兰花,端坐而逝。

王稚登题挽诗道:"歌舞当年第一流,姓名赢得满青楼。多情未了身先死,化作芙蓉也并头。"

马湘兰一生擅长画兰,她也像这兰花一样,痴情终成恨,在等待中度过了一生的悲凉。她才华横溢、秉性灵秀、能诗善画、文史歌舞无一不精,她是秦淮文化的代表,也让那一袭曼妙的芳魂流动千载而不息。

草衣道人——王微

王微字修微,小字王冠,称草衣道人,明末扬州人,江南才女,七岁丧父,落入风尘。她才情超群,以文才见长,有"美人学士"之称。钱谦益曾说过:天下风流佳丽,独王修微、杨宛如与柳如是鼎足而三。

从明朝万历末年到崇祯初年,她的足迹遍布杭州、南京、嘉定,串联起董其昌、陈继儒、钱谦益、谭元春、许誉卿等一大串历史文化名人,他们中有她的诗文之交,也有她的终身归宿。她绮丽多姿的身影时时浮现在那幅文人雅士醉吟风月、对酒当歌的行乐长卷上。

王微七岁丧父,使她幼年丧失庇护,飘无定所,无人可以依靠,因此她的眉

王微画作

宇之间常常有着难以纾解的愁绪,而她不得不辗转于风尘的悲凉身世,也让她愁眉难展。诗歌成为她心中最可慰藉情感的东西,她在《樾馆诗》自序中写道:"生非丈夫,不能扫除天下,犹事一室,参诵之余,一言一咏,或散怀花雨,或笺志山水,喟然而兴,寄意而止,妄谓世间春之在草,秋之在叶,点缀生成,无非诗也。"她遗憾不能像男人那样以兴天下为己任,所幸春草秋木皆能为诗词所吟咏,山水之间,能够寄托情感,成为她飘零孤寒生涯中的一缕温暖。

结缘山水

王微一生酷爱山水胜景,常常"扁舟载书,往来吴会间,与胜流名士交游"。颇有六朝名士之风。

王微画作

她潇洒地游历名山大川,"布袍竹杖,游历江楚,登大别山,眺黄鹤楼、鹦鹉洲诸胜,谒玄岳,登天柱峰,溯大江,上匡庐,访白香山草堂,参憨山大师于五乳。""往来西湖,游三楚三岳",曾根据自身的游踪纪实编写了数百卷名山游记。

随着年龄的增长,王微渐渐地醉心佛经,烧香礼佛。在拜访明末四大高僧之一、近代禅宗最有成就的憨山大师后,她归心禅悦,在杭州建生圹(生前为自己造的墓穴),自号草衣道人。

才名传世

明朝嘉靖、正德后,世风日下,虚荣浮华,世人都追求一种靡丽奢侈的生活方式。不但闺阁间才女名媛辈出,以才情闻名于世的名妓也为数不少。一些玲珑通透的女子勤学善思,更兼与文人墨客交往甚密,耳濡目染,才情愈发璀璨夺目,王微、柳如是等皆为其中佼佼者。

崇祯五年,著名诗人、书画家陈继儒的七十五岁寿筵,才子佳人济济一堂,王微、林雪、柳如是等皆在被邀请之列。真是名士硕儒谈笑风生,更有红粉佳人点缀诗酒风流,她们的诗作抒发胸臆、玲珑鲜活。陈继儒大赞王微:"修微诗类薛涛,词类李易安,无类粉黛儿,即须眉男子,皆当愧煞。诗词娟秀幽妍,至于排调品题,颇能压倒一座。"使王微声名更噪。

王微与杨宛同是金陵才女,才情殊丽,又都为茅元仪的妾室,然而茅元仪在对王微、杨宛两人的态度上却厚此薄彼,宠爱杨宛而冷落王微,这使王微感到失落,终致愤然离开。

王微离开茅元仪后,曾给杨宛寄《近秋怀宛叔》诗一首:"江流咽处似伤心,霜露未深芦花深。不是青衫工写怨,时见只有白

头吟。""白头吟"说的是汉武帝时,司马相如在长安受到皇帝赏识,封了郎官就想纳小妾,发妻卓文君写了首哀怨的《白头吟》,寄给司马相如。司马相如读后十分感动,打消了纳妾的念头。王微用"白头吟"暗示自己备受冷落,深闺寂寥,所以产生了白居易式的"青衫怨"。

杨宛虽受到茅元仪的宠爱,但她一直想另栖枝头。王微对她多有规劝,杨宛却自有打算。她随田贵妃父亲田弘遇到北京,欲谋求更大的机会。李自成攻陷北京,杨宛在兵荒马乱中死于非命。后人特意将王、杨对比:"王微皎洁如青莲花,亭亭出尘,而(杨)宛终堕落淤泥,为人所姗笑,不亦伤乎!"当时的人也以"自拔淤泥"的青莲和"不罹劫火"的白璧比拟王微二人。

经历了世事变迁,王微想在杭州独自终老。这时她命中的缘分却姗姗来迟,她成为许誉卿的妾。许誉卿为万历年间进士,经历了宦海沉浮,几起几落,他不畏阉党淫威,弹劾魏忠贤的种种倒行逆施,激怒了魏忠贤而被罢官回乡。

许誉卿爱惜她的才华,以正室之礼待她,二人言语戏谑,毫不避讳,感情十分亲密。有一次许誉卿去常熟拜访钱谦益,王微曾是钱谦益与柳如是的媒人。钱谦益与柳如是老夫少妻,年纪相差了几十岁,许誉卿回来对王微谈起二人的婚姻,大有替柳如是抱憾之感:"钱谦益两鬓苍苍,黝黑苍老,可惜了柳如是的杨柳小蛮腰,不是如同落到唐代番将手中了吗!"

王微听了许誉卿之言,哂笑答道:"这个可以理解,也许柳如是害怕你这个蛮府参军去骚扰她吧!"王微平日戏谑之时,称许誉卿为"许蛮子"。许誉卿深为王微的见识才华所折服,所以并不在意旁人笑话他惧内。许誉卿被罢官之后,王微对他不离不弃,并协助许誉卿将他当年的上疏奏文合编为《三垣奏疏》三卷整理出版。

然而，明清的乱世烽烟让才子佳人相伴一生的美梦难以实现。崇祯死后，兵火频繁，许誉卿与王微在乱世硝烟中流离辗转，困苦颠簸。在明朝灭亡三年后，五十岁的王微患病离世，许誉卿悲痛欲绝，将她安葬在杭州西湖湖畔，他出家为僧，在古佛青灯前，悼念那份永远不能忘怀的爱情。

在明朝晚期，名妓与名士结交成为耐人寻味的独特风尚，他们舞文弄墨、游历名山、谈，既是情趣兼备的知己，又是赏心悦目的游伴，在风流不羁的世风下，王微洗尽香艳冶丽的青楼本色，以诗歌才华、禅悦趣味，成就一个风流蕴藉的时代传奇。

许誉卿墓志铭

风骨嶙峋——柳如是

柳如是，本名杨爱，后改名柳隐，字如是，又称河东君。十岁那年因家庭窘迫被卖入妓院。丈夫为明清侍郎钱谦益，因读宋朝辛弃疾《贺新郎》中："我见青山多妩媚，料青山见我应如是"，故自号如是。她是活动于明清时的著名才女，常做男子打扮，与众多文人分析时势，和诗饮酒，留下了许多轶事佳话。

锦绣才情

明崇祯十三年冬天，原朝廷礼部侍郎钱谦益削籍归乡已经两年，他的居所半野堂也是"门前冷落车马稀"的萧瑟景象。忽闻仆人来报："有客来访。"拜帖上写着：晚生柳儒士叩拜钱学士。

待钱谦益走进客厅，只见来客一身儒衫，青巾束发，身材娇小，举止儒雅，清秀有余而刚健不足，似乎未曾谋面。来客微微一笑，吟诗一首：草衣家住断桥东，好句清如湖上风；近日西泠夸柳隐，桃花得气美人中。

钱谦益恍然大悟，原来眼前这个清秀书生就是苏州才女柳如是，诗中暗含其名"柳隐"，二人其实颇有渊源。

崇祯十一年初冬，供职京师的江左才士钱谦益，本已高居礼部侍郎之职,仕途一片平坦,却因贿赂上司被削去官职,返回常熟故里。那时他已五十七岁,遭此巨变,无所归依的孤独感伴着他一路迤逦南归。途经杭州时,便想去风光秀美的西湖游玩散心,排遣愁怀,顺便拜访故友——杭州名妓草衣道人王微。当时柳如是也客居杭州,与王微熟识,那天刚好将一首即兴而作的小诗请王微点评,就放在她的案牍之上,钱谦益无意之中看到:"垂杨小宛绣帘东,莺花残枝蝶趁风。最是西泠寒食路,桃花得气美人中。"

好一首意境清奇,笔触细腻的小诗,钱谦益赞叹一番,王微看此情形,说道:"此乃才女柳如是所作,不如明日请柳姑娘一同游览西湖,与阁下探讨诗文?"钱谦益欣然应允。第二天,画舫明艳,西湖动人,钱柳二人一见如故,把酒谈诗,甚为开怀,钱谦益也惊诧柳如是娇小的身体里竟藏着这般锦绣才情。今日柳如是登门拜访,吟诵的就是二人当日所作诗篇。

西湖一别,今日重遇,钱谦益自然惊喜万分。柳如是本是有备而来,当即赠钱谦益七律一首,名曰《庚辰仲冬访牧翁于半野堂奉赠长句》:"声名真似汉扶风,妙理玄规更不同。一室茶香开澹黯,千行墨妙破冥濛。竺西瓶拂因缘在,江左风流物论雄。今日沾沾诚御李,东山葱岭莫辞从。"

诗中把钱谦益比做东汉大儒马融,而风流高雅更在马融之上。钱谦益也题了一首诗《柳如是过

柳如是像

访山堂枉诗见赠语特庄雅辄次来韵奉答》:"文君放诞想流风,脸际眉间讶许同。枉自梦刀思燕婉,还将抟土问鸿蒙。沾花丈室何曾染,折柳章台也自雄。但似王昌消息好,履箱擎了便相从。"

钱谦益把柳如是比做私奔的文君,又用了章台、王昌等浪漫的典故,二人相视一笑。钱谦益留柳如是在"半野堂"留宿一段时间,并命人在附近的红豆山庄中为柳如是修筑一楼。钱谦益根据《金刚经》中"如是我闻"之句,将小楼命名为"我闻室",暗合柳如是的字。小楼落成之日,他还写诗抒怀:"清樽细雨不知愁,鹤引遥空凤下楼;红烛恍如花月夜,绿窗还似木兰舟。曲中杨柳齐舒眼,诗里芙蓉亦并头;今夕梅魂共谁语?任他疏影蘸寒流。"

柳如是也回赠了一首《春日我闻室作呈牧翁》:"裁红晕碧泪漫漫,南国春来正薄寒;此去柳花如梦里,向来烟月是愁端。画堂消息何人晓,翠帐容颜独自看;珍贵君家兰桂室,东风取次一凭栏。"

诗词中也露出以身相许的心意。柳如是年少坠入风尘之中,早已厌倦了迎来送往,强作欢颜的日子。她曾自我感叹:"自悲沦落,堕入平康。每当花晨月夕,侑酒征歌之时,亦不鲜少年郎君、风流学士绸缪缱绻,无尽无休。但事过情移,便如梦幻泡影,故觉味同嚼蜡,情似春蚕。"找到情投意合的意中人,能够过清幽平静的日子成为她的愿望。

柳如是像

面对柳如是的满腔深情,钱谦益甚为感动,当时柳如是正值二十四岁芳龄,而钱谦益已近耳顺之年了,他写诗感叹说:"老大聊为秉烛游,青春浑似在红楼。买回世上千金笑,送尽生平百岁忧。"

崇祯十四年六月,钱谦益"礼同正嫡"来迎娶柳如是。婚后,老夫少妻相携相伴,游遍名山秀水,还在西湖畔修筑了一座别具风情的"绛云楼",二人同居楼上,推窗赏月,下楼观花,拥书万卷,博考群籍,日子过得十分惬意。

崇祯十七年甲申之变,崇祯帝自缢,明朝灭亡。钱谦益作为明朝遗老,拥立南明王朝,他一直想入阁执政,登上心仪已久的相位。不久清军攻破了南都,入主中原。钱谦益作为明朝旧臣,又是东林领袖,文坛盟主,在明朝朝廷中享有盛名,必定会得到清廷的青睐。柳如是目睹了"国破山河在,城春草木深"的凄惨景象,力劝钱谦益以死殉国,保全名节。钱谦益再三思索,终于同意二人一同投入西湖殉国。

两人驾了一叶小舟,驶进了西湖。柳如是站起身来,猛地就要跳进湖中,钱谦益忙起身拉住她,手伸进湖里,说:"今夜水太凉,水太凉了。"此时的钱谦益所面临的正是这样一个艰难而又无可逃避的人生抉择,这也是中国历史上每次封建王朝改朝换代之际士大夫必须面对的人生难题。如果他不是生活在明清之交的乱世,他可能只是官场不得志,郁郁终此一生,然而时代的悲剧使他无可逃脱。柳如是明白他心有不甘,只好说:"那我们从此隐居,不再出仕,也算对国家有所交代。"钱谦益同意了。

谁知之后不久,顺治二年五月中旬,豫亲王多铎率兵进入南京,钱谦益降清。钱谦益也剃掉了额发,把头发梳成辫子,并接

受朝廷的征召,入朝为官。柳如是气愤但又无可奈何,吟了一首诗给钱谦益,希望用二人曾经的美好时光挽回丈夫:素瑟清樽迥不愁,栀楼云雾似妆楼;夫君本志期安桨,贱妾宁辞学归舟。烛下鸟笼看拂枕,凤前鹦鹉唤梳头;可怜明月三五夜,度曲吹箫向碧流。

晚年归隐

可以说钱谦益是带着对政治仕途的幻想投降清朝的,他希望能够被委以重任,从而实现他在明朝没有实现的济世救民的雄心壮志。但是清廷很快令他失望了,他受降后并没有得到信任和重用。顺治三年,他被授予闲职,钱谦益十分失望。另外,他也失去了传统封建社会士大夫道德意识中最为看重的忠孝节义,为自己当年不能以身殉国却屈膝投降的行为愧疚自责。出任五个月后他告假南归。

此后钱谦益与柳如是又开始了诗书几卷,清茶几盏的田园

柳如是墓

牧歌式的生活。顺治五年,柳如是生下了一个女儿,老年得千金,钱谦益爱若珍宝。然而,他的门生黄毓琪因写诗讽刺清廷受到刑罚,钱谦益受到牵连,性命危在旦夕。

钱谦益之墓

柳如是虽在病中,但为救夫君,冒死上书朝廷,要求代夫受过。朝廷被她的诚心所感动,又查证钱谦益的确无逾矩,就赦免了他。从此钱谦益对柳如是更加敬重了。

钱谦益病亡于杭州,时年八十三岁。丈夫死后,四十七岁的柳如是受到钱氏家族的围攻,乡里族人想要霸占她的房产和田地,柳如是不堪其扰,立下遗嘱,悬梁自尽,情形极为悲惨。柳如是被葬在钱谦益与原配夫人的墓葬的百步之外,墓碑上还刻着柳如是的别号"河东君"。

清末的国学大师王国维曾提笔写了三首绝句,其中第三首写道:"幅中道服自权奇,兄弟相呼竟不疑。莫怪女儿太唐突,蓟门朝士几须眉。"诗中写的就是柳如是女扮男装,自选佳偶的佳话。

横波夫人——顾横波

17世纪中叶的大明,北方清军压境,中原流寇横行。但在烟雨迷蒙的秦淮河畔,却依旧是"商女不知亡国恨,隔江犹唱后庭花"的纸醉金迷。顾媚就生活在这个时代。顾横波,原名媚,字眉生,号横波,亦称媚娘。

据清余怀《板桥杂记》记载,她的眼神顾盼神飞,妩媚动人,山是眉峰聚,水是眼波横,人称横波夫人。她不但身姿娉婷,更通晓文史,工于诗画,所绘山水天然灵秀,善画兰花,十八岁时与李香君、王月等人一同参加扬州名士郑元勋在南京结社的"兰社"。

顾横波居于眉楼,其建筑巧夺天工,布置匠心独具,白纱曳地,瑶琴锦瑟,古籍字画,熏香煮茗,精食美馔,如同仙境。世人因顾横波风姿迷人,访者无不神魂颠倒,因此戏称为"迷楼"。

顾横波才貌双绝,有"南曲第一"之称,自然广受风流才子的追捧。眉楼汇聚了当时的顶尖艺人,日日车马盈门,几乎天天飨宴,吹笛调箫。月光下,秦淮河畔的眉楼朦胧缥缈,那楼檐闪烁着光华,讲述着盛年光景的秀美风骨;那水波荡漾的秦淮河,远远传来船桨滑动,佳人呢喃与眉楼中丝竹管弦的清雅之音相互映衬。只见顾横波鬟发如云、艳压桃花、眼波盈盈、颦笑妩媚,展露笑颜若月牙弯弯,颦眉凝思似秋水潺潺,回眸一望,眼中轻波轻漾,如水温柔,真应了"横波夫人"之名。

眉楼中丝竹管弦齐鸣,酒席间觥筹交错,这日日繁华胜景已是繁盛至极,但在顾媚心中,这些不过是过眼烟云,转瞬即逝。她心里总徘徊着一份说不清、道不明的幽怨,也深埋着能够得遇知心人的渴望。她曾作《自题桃花杨柳图》述怀:"郎道花红如妾面,妾言柳绿似郎衣。何时得化鹣鹣鸟,拂叶穿花一处飞。"鹣鹣就是比翼鸟,这种鸟只有一足一翼一目,比翼而飞,常用来形容恩爱伴侣。

春日短暂,红颜易逝,一旦美人白头,就会陷入门庭冷落车马稀的尴尬境地。夜深人静,雨骤风急,她揽镜自照,感怀身世,吟《忆秦娥》一首,词中满含幽怨之情:"花飘零,帘前暮雨风声声;风声声,不知侬恨,强要侬听。妆台独坐伤离情,愁容夜夜羞银灯;羞银灯,腰肢瘦损,影亦伶仃。"

顾媚作品

就在这时,顾横波的生活中出现了一个多情公子,这就是年轻的进士龚鼎孳。龚鼎孳出生于官宦之家,少负文名,尤擅书画,与吴伟业、钱谦益并称为"江左三大家"。他十七岁时进士及第,十九岁就已出任湖北蕲水知县,可以说是少年才俊。

崇祯十五年春,年方二十四的龚鼎孳回乡省亲后返回京城的路上途经南京,想领略六朝金粉的风云。经友人介绍,他初登眉楼,对明眸如水、眉目含情的顾横波一见倾心,情根深种。

顾横波见来客气度儒雅,谈吐不凡,心中也十分欢喜。龚鼎孳心潮荡漾,提出为她画一幅小像。他蘸墨挥毫,不多时,一幅《佳人倚栏图》呈现在眼前,为表明心迹,还题诗一首,吐露了相求之意:"腰妒垂杨发妒云,断魂莺语夜深闻;秦楼应被东风误,未遣罗敷嫁使君。"

顾横波含羞不语,她虽属意这位风雅少年,但自己常年生活在秦淮河这烟花之地,目睹了很多姐妹的座上客一时兴起提出婚嫁,姐妹从良后嫁人作侍妾,受到正室排挤,受尽刁难郁郁而终或是被赶出门重操旧

顾横波像

业,因此一时之间很难决断。

龚鼎孳流连温柔乡,在南京逗留了一个月之久,二人吟诗作赋或赏玩山水,情深意笃,十分融洽。临行前,他难舍佳人,提出带顾横波同往北京赴任,顾横波没有同意,只是约定龚鼎孳再来南京时相会。

赢得桂冠

一日逢中秋佳节,众姐妹相约在眉楼院里的花亭饮酒赏月,好不热闹。饮至酣畅时,有人提议比赛吟诗,最佳者以花冠奖励。轮到顾横波时,她看着中秋月色皎洁,菊花吐艳,回想起与龚鼎孳共度的缱绻时光,吟了一首《咏醉杨妃菊》:"一枝篱下晚含香,不肯随时作淡妆;自是太真酣宴罢,半偏云髻学轻狂。舞衣初著紫罗裳,别擅风流作艳妆;长夜傲霜悬槛畔,恍疑沉醉倚三郎。"

各自吟咏过后,大家一致认为顾横波诗意清隽,意境更胜一筹,一顶散发着馥郁浓香的桂花冠戴到了她头上。

中秋过后不久,龚鼎孳南下路过南京,第二次来到眉楼,他在心上人面前剖明心迹,终于让顾横波答应等他返回时随他同往京城。

在龚鼎孳远去南方的一个月里,一个两年前被杭州富商看中纳为妾室的姐妹回到了眉楼,容颜憔悴,与当年判若两人。原来她嫁人之后,先是受到大妇的刁难,但丈夫体贴,日子过得尚可。可后来丈夫另结新欢,连她的吃穿用度也不按时供给,逼得她只好含恨返回了眉楼。

这位姐妹的遭遇让顾横波的心又陷入了摇摆不定之中。一个月后,龚鼎孳回到眉楼,准备为顾媚赎身再娶回京城时,顾

媚便推脱说自己身份微贱,不堪做官家之妇,等一年之后,再随他去往京城。

转眼一年之期已到,这一年的时间里,龚鼎孳魂牵梦萦,时刻也不能忘记顾媚超群的风姿,正是"未见先愁恨别深,那堪帆影度春阴。湖中细雨楼中笛,吹入孤衾梦里心。"他马上专程赶到南京,郑重其事地向顾媚求婚。经过两年的两地相悬,二十二岁的青楼女子嫁给了二十六岁的多情进士,成了秦淮河畔盛传的佳话。顾媚作诗一首,表达自己得遇佳偶的喜悦心情:"识尽飘零苦,而今始得家。灯蕊知妾喜,转看两头花。"

传奇女子

婚后不久,龚鼎孳就与顾横波分离,北上任职。

崇祯十五年,顾横波上路,准备在京师与丈夫团聚。谁知刚到河北沧州,就因兵火遍野,道路阻塞,无法前行,只能暂居淮河边上的清江浦观望。直等到第二年春夏之间,顾横波渡江走水路,途中又滞留于京口多日。一直等入秋后再度北上,足足走了一年,历尽千难万险,颠沛困顿,终于在崇祯十六年秋,到达京师。为了斩断昔日欢场岁月的痕迹,她改名"徐善持"。

崇祯十六年,大明朝堂岌岌可危,龚鼎孳以拯救国家危难为己任,一个月内上疏十七次,弹劾权臣,意气激昂,却因诟病皇帝宠臣,以"冒昧无当"而锒铛入狱。

第二年的春节,龚鼎孳还在牢狱中,不免牵挂家中人,写下了"恨咫尺、不见背灯人瘦""婵娟千种意,莫照伤时字。此夜绣床前,清光圆未圆?"表达了对妻妾除夕佳节独对青灯的担忧。

半年后龚鼎孳出狱,在他坐牢期间,顾媚多次前往狱中探

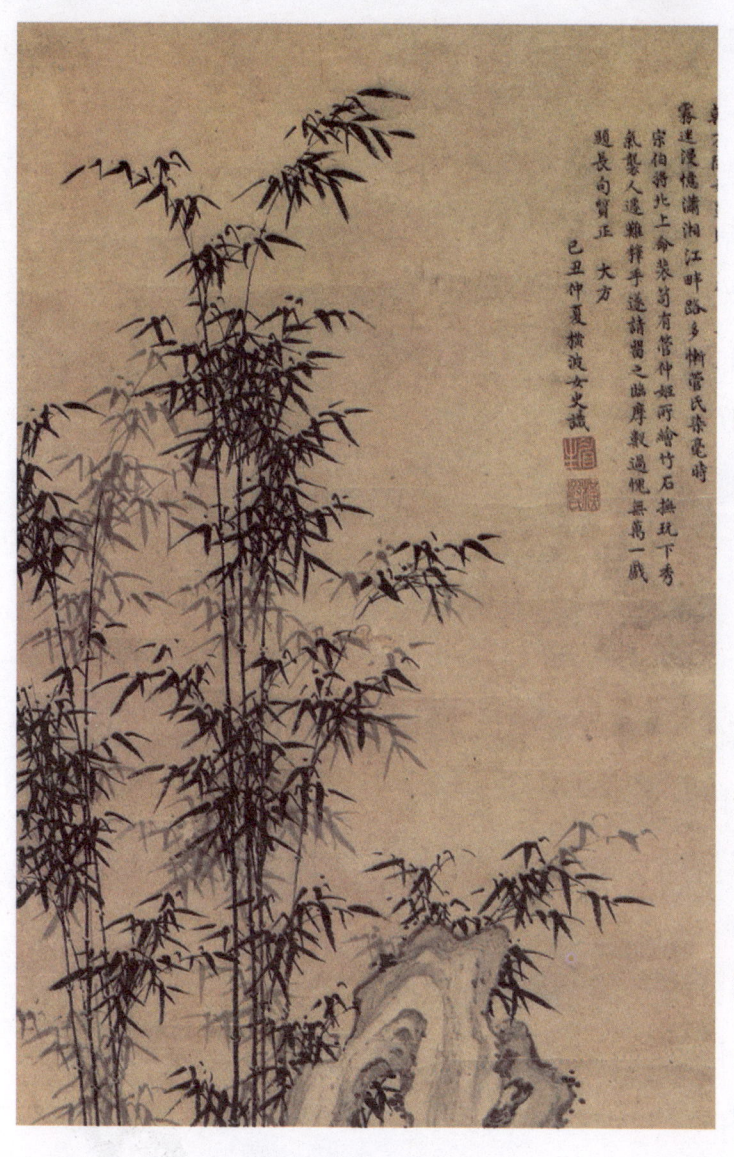

顾横波作品

望,龚鼎孳十分感动,写下"铁石消磨未尽,算只有、风情痴绝""料地老天荒,比翼难别"的动情之语,在患难中更显出夫妻情深。

这时崇祯王朝气数将尽。这年三月,李自成的大顺军兵临城下。崇祯帝三月十九日自缢煤山,大明朝土崩瓦解,龚鼎孳也被从监狱中放出了。明亡之际,龚鼎孳曾携顾横波投井殉国,奈何被李自成的大顺军发现,最后投降了李自成。后清兵入关,他又重新出仕,不久就迁太常寺少卿,升左都御史,进入九卿之列,官至尚书,他在朝堂之上身居高位,却不惧清朝贵族,多次利用自己的"尚书"之位为汉人进言,还保护了不少明代的遗民志士。

龚鼎孳官封一品,其夫人可封为一品诰命,龚鼎孳按祖制请

元配夫人童氏进京受封,童氏说:"我已经两受明封,以后本朝恩典,让顾太太可也。"龚鼎孳果真依言为顾横波请封,于是她名正言顺当上了一品夫人。

顺治十二年,皇帝与太后及满族大臣政见不合,明争暗斗。皇帝迫于满族权贵的压力,将龚鼎孳官降十一级。

宦海沉浮并没有影响顾横波对龚鼎孳的情意。顾横波成为支持他的精神力量,故他在这一年自咏:"神索风传台柏枝,天街星傍火城移;袖中笼得朝天笔,画日归来便画眉。"

南归之后,龚鼎孳和顾横波每天面对着湖光山色,朝晖日暮,尽享风月之美。龚鼎孳这样描述那些美好时光:"五月十四日夜,湖风酣畅,月明如洗,繁星尽敛,天水一碧,偕内子系艇子于寓楼下,剥菱煮芡,小饮达曙。人声既绝,灯火楼台,周视悄然,惟四山苍翠,时时滴入杯底,千百年西湖,今夕始独为吾有,徘徊顾恋,不谓人世也。"

笑语满香径,月影醉柔情。岁月静好中,他们言笑晏晏,相伴而行,要将那满目苍翠尽收入琼浆玉液之中,一饮而尽,更将西湖的古意高风,暗香疏影尽情揽入囊中,享受神仙眷侣般的生活。

清代著名学者朱彝尊曾陷入困窘落拓的时节,顾横波读到朱彝尊的"风急也潇潇雨,风定也潇潇雨"填的十分雅致,就倾尽自己

顾横波画像

的妆奁，以千金赠之。士人带着诗文游历到京师时，一定会去龚府拜谒，而龚鼎孳也总是倾囊相助，遇到别人急需而自己又囊中羞涩时，他甚至不惜举债相助。

夫妇二人还会在寒冬念及贫寒的士子，专程请他们到自己家赠以炭资。龚鼎孳去世后，大江南北的才子志士失声痛哭，哀叹世上再难见到如此重义轻财之人了。债主到龚府上听说了事情原委，也为龚鼎孳的清廉仗义所感动。

顾横波像

康熙三年，顾横波病逝于北京铁狮子胡同，龚鼎孳痛不欲生。文人学士纷纷前往凭吊，送殡的车辆熙熙攘攘，数以百计。远在江南的阎尔梅、柳敬亭、余怀亦于安徽庐州开堂设祭，前往凭祭者络绎不绝。两年后，龚鼎孳扶灵返回江南，一代传奇女子终于魂归故里。

明慧绝伦——卞玉京

明末清初的文学家余怀在《板桥杂记》中记述了南京十里秦淮南岸的长板桥一带妙舞清歌的盛况,并总结这些名妓:"李、卞为首,沙、顾次之,郑、顿、崔、马又其次也。"这里的"卞"指的就是卞玉京。

生性冷傲

卞玉京,又名卞赛,因后来自号"玉京道人",习称玉京。她出身于秦淮官宦之家,因父早亡,沦落为歌妓,诗琴书画无所不能,尤擅小楷,精通文史,尤其喜欢画风枝袅娜的兰花,往往"一落笔尽十余纸"。她生性冷傲,面对客人少言寡语,冷漠相待,但若遇知己,则谈辞如云,咳珠唾玉,挥洒自如,满座为之倾倒。

崇祯十四年(公元1641年),苏州横塘春寒料峭,这年正值李自成率领农民起义,大明王朝风雨飘摇的时局和朝廷内的党派斗争让诗人吴梅村(吴伟业)心怀忧思,他被朝廷任职却并没赴任,开始在风花雪月中自我麻醉。

这天,吴梅村在南京水西门外的胜楚楼上为兄长吴继善赴任成都知府送行,在这里他遇见了前来为吴继善送行的卞玉京。

卞玉京在酒席间为吴继善写诗送别："剪烛巴山别思遥,送君兰楫渡江皋。愿将一幅潇湘种,寄与春风问薛涛。"

吴梅村大为惊叹,二人逐渐开始交往,相处日久,彼此引为知己。

虽然过着车马熙攘、衣着光鲜的生活,但卞玉京心中还是感到寂寞,她曾为自己画像一副,上题小诗："沙鸥同住水云乡,不记荷花几度香。颇怪麻姑太多事,犹知人世有沧桑。"隐隐传递出感怀身世之情。一次二人对酌,酒至微醺,卞玉京面对自己的心上人,心中压抑已久的感情倾泻而出,她轻声地问吴梅村："亦有意乎？"

吴梅村心中明白卞玉京有以身相许之意,但故意装作不懂,卞玉京凝望着他,长叹一声,从此再没有提及嫁娶之事。"我本将心向明月,奈何明月照沟渠。"一段美好感情的开端就在吴梅村的懦弱和退缩中枯萎了。

自分别后,吴梅村难忘自己的恋人卞玉京,但时事动荡,始终音讯杳然。顺治七年十月,吴梅村赴常熟访游,他素来与诗人钱谦益私交甚笃,得知钱谦益的夫人柳如是与卞玉京一直是闺中密友,便登门拜访。钱谦益知道他还思念着佳人,有意撮合,就在自己的府邸拂水山庄设宴,然而不知是卞玉京还在怨恨他的薄情,还是暗自神伤,抵达后知道吴梅村也在,就径自到柳如是的卧室内闭门不出。卞玉京

吴梅村画作

先是传话说要更衣,接着托言身体不适,约定改日相见。

吴梅村从常熟回来之后,写下了有名的《琴河感旧》,让他伤心感慨的是时世的变迁,国家的兴亡也阻断了他们这段美好情缘——明朝的覆灭,不仅让吴梅村失去了精神支柱,也让他无力再续前缘:"休将消息恨层城,犹有罗敷未嫁情。车过卷帘徒怅望,梦来襦袖费逢迎。青山憔悴卿怜我,红粉飘零我忆卿。记得横塘秋夜好,玉钗恩重是前生。"

顺治八年(公元1651年)的初春,卞玉京按三月约定之期,到吴梅村的家中探望,然而这次他们已经是空门和俗世永相隔了。卞玉京一身道装,为吴梅村鼓琴,娓娓诉说南都崩溃之后贵族少女和秦淮佳丽的悲惨遭遇,曲中流淌着故国之思、亡国之痛和身世之悲,充满了无尽的惆怅和感伤。

吴梅村再也抑制不住这些年来压抑的情感,写下了缱绻缠绵的《临江仙·落拓江湖常载酒》:"落拓江湖常载酒,十年重见

吴梅村之墓

云英。依然绰约掌中轻。灯前才一笑,偷解冴罗裙。薄幸萧郎憔悴甚,此生终负卿卿。姑苏城外月黄昏。绿窗人去住,红粉泪纵横。"诗中这句"薄幸萧郎憔悴甚,此生终负卿卿。"吴梅村终于对卞玉京道出了此生的愧疚之情,虽然二人终得相见,却已是咫尺天涯。

卞玉京像

玉京道人

清军入主中原后,随即在南京广征教坊歌女,身在乐籍的女子都在征召之列,为了不沦为大清朝廷的取乐工具,卞玉京更换了装束,逃到长江岸边的丹阳,顺江东下,走水路进入苏州虎丘山塘。她匆匆找了匹黄绢裁成道袍,以遁入空门的方式来逃避侵略者铁蹄的践踏。此后,为了掩人耳目,卞玉京时常做女道士打扮,自号"玉京道人"。

她晚年被名医郑保御所收留,为其另筑别室并悉心照拂。看破红尘,历经坎坷的卞玉京皈依空寂,为自己的心灵找到了栖身之所。为了感激恩人的照顾,她曾刺舌血以三年时间为其抄写了一部《法华经》。这片洗净铅华的空门之地终于成为她最终的避风之港和灵魂居所。

薄命红颜——陈圆圆

"恸哭六军俱缟素,冲冠一怒为红颜",这是明代诗人吴梅村《圆圆曲》中留下来的唱词,吴三桂的"冲冠一怒"不仅让历史改写,也让陈圆圆背负"红颜祸水"的罪名。这个出身微贱的女子,在历史的转折过程中,以个人魅力影响着大明风云人物的命运,甚至改变了那一段历史的进程。

艳冠天下

陈圆圆,原姓邢,名沅,字畹芬。出身于货郎之家,因家境贫困,寄养在经商的姨父家中。时逢江南谷物歉收,苏州城里的昆曲班招收伶人,姨父为贪图一己私利将陈圆圆卖给苏州梨园,她从此开始学习昆曲技艺。

陈圆圆天赋不凡,很快技压群芳,她初登歌台,扮演的是《西厢记》中的红娘,指尖成峰,指间绕水,水袖抛舞,唱腔流丽,将闺阁闲愁、离人相思表达得淋漓尽致,听之让人心魂荡漾,神思悠然,遂以色艺双绝,名动江左。

后来,崇祯帝朱由检的宠妃田贵妃之父田弘遇,奉周皇后的父亲周奎之命赴苏州选美,听闻陈圆圆的艳名,立即召见;听之歌唱，耳畔似有丝竹管弦之清音;绕梁不绝;观之舞蹈，恍如看到霓裳羽衣舞，衣袂翩然。惊艳之下，以高价将陈圆圆买下带回北京，博取崇祯帝的欢心。此时大明帝国风雨飘摇，内有李自成、张献忠等农民军风起云涌，关外有新崛起的清朝势力虎视眈眈;内外交困之下，崇祯帝无心贪恋女色，陈圆圆又回到了田府。

明朝"复社四公子"之一的冒辟疆风流潇洒，腹有诗书，他虽最终与董小宛成就了一段佳话，但他与陈圆圆也曾有过婚约，并始终对佳人难以忘情。初次相见，冒辟疆就喜欢上这位名满江南的绝色佳人。当时陈圆圆如暮霭中的黄莺，倾世而独立，惹人怜爱。因为冒辟疆半个月后要去接母亲，二人分别。

后来冒辟疆准备再去找陈圆圆的时候，他父亲深陷起义军包围的险境，他一心救父，这件事就耽搁下来。到了次年二月，冒辟疆的父亲终于脱离了险境，他再次去找陈圆圆时，陈圆圆已经被带去京都了。后来，冒辟疆娶了红颜知己董小宛，但陈圆圆的倩影仍像惊鸿飞过冒辟疆的心灵。

陈圆圆塑像

陈圆圆回到田府后，田弘遇就将陈圆圆留在自己的府上，每逢宴饮，就让陈圆圆歌舞一番，以示夸耀。随着大明王朝内忧外患的形势愈加严峻，崇祯末年，李自成率领的农民起义军准备攻打京师，崇祯帝急召宁远总兵、平西伯吴三桂入卫。

吴三桂是原锦州总兵吴襄的儿子，能骑善射，智勇过人，他所率领的宁远部有五十万军队，声势十分浩大，京城权贵都争相与他结交。田弘遇见情势不好，也急欲攀权附贵，以求庇护。于是，田弘遇便在府中摆下美酒佳肴招待吴三桂，还特意安排了风华绝代的陈圆圆在宴会上一展歌喉。幽艳妩媚，一唱三叹的江南佳人让吴三桂一见为之倾心。

田弘遇之子田畹问吴三桂："如李自成的军队攻到京师，我们将如何自保？"吴三桂答道："如果能以圆圆见赠，必能保护大人全家安然无恙。"田弘遇为自保，便将圆圆献与吴三桂。

自努尔哈赤起兵反明，关外数十年的袭掠已经让明王朝北部边防摇摇欲坠，明朝的精兵良将已经在长期战争中丧失殆尽，优秀的军事人才也在崇祯皇帝的猜忌和朝中大臣争权夺利中逐一凋零，加上高迎祥、李自成领导的农民军起义，内忧外患的大明王朝已经摇摇欲坠。

在搜捕明朝旧臣时，吴三

陈圆圆墓园碑记

桂全家也难逃一劫，李自成的心腹刘宗敏觊觎陈圆圆的美貌，强行将她夺为侍妾。李自成逼迫吴襄写信给吴三桂，以全家性命胁迫他投降。

这时的吴三桂已经退守山海关，前面是北京李自成的百万大顺军，后面是八万清军紧紧相逼，战胜的机会十分渺茫。作为一个明朝的将领，吴三桂与清军斗争多年，是不会轻易地投降清军的，他意欲接受大顺政权的招降。

这时北京城传来了陈圆圆被掳的消息，吴三桂听闻，霍然而起，拔剑掷案道："大丈夫不能保一女子，有何面目见天下人？此逆贼如此无礼，我吴三桂堂堂丈夫，岂肯降此逆贼！"

吴三桂明白，以一己之力与闯王交战难有胜券，于是他投降大清，引清兵入关。李自成探明清兵逼近，就亲自率领二十万大军向东迎去，同时带上了吴襄作为人质。清军与吴三桂里应外合，杀得李自成大败。李自成一怒之下，将吴家老少斩尽杀绝。

李自成明白难挽颓势，只好向陕西故地撤离。陈圆圆劝告他说："妾身若随大王而行，恐吴将军紧追不舍。不如将妾身留在京师，作为缓兵之计，可保大王无虞！"李自成就留下陈圆圆仓皇而去。

吴三桂带清兵打回北京，终于与在战乱中流离失所的陈圆圆重逢。而清军也隆重地迎接顺治帝入关，建立了大清王朝，双方可谓各取所需。吴三桂被清廷册封为平西王，走上了开关延敌、为清效命的叛国之路。

崇祯帝自缢殉国后，福王朱由崧在南京重新组建了南明朝，势力蔓延很快。此时南明朝廷并不知吴三桂已经投降清朝，还

称赞他"雪耻除凶，功在社稷"，并封他为蓟国公，希望借助吴三桂手中的重兵掀起反清复明的巨浪。

陈圆圆墓

陈圆圆见此情势，力劝吴三桂弃清投明，以尽忠义之道。可是吴三桂重权在握、美人在怀，根本听不进陈圆圆的苦心劝导，谢绝了南明政权的一切赏赐封号，在大江南北掀起滚滚硝烟。此后，吴三桂效忠清廷，由山西渡黄河入潼关，攻克西安，彻底消灭了李自成的残余势力。他在云南建藩，成为平西王，还要册封陈圆圆为王妃，圆圆坚辞不受，宁愿作侍妾追随左右。

遁入空门

清康熙十二年（公元1673年），吴三桂起兵叛清，陈圆圆知道大祸即将临头，她请求吴三桂让她出家，吴三桂加官晋爵，身边又增添无数佳丽，已与圆圆渐渐疏远，就同意了。陈圆圆随即削发，法号寂净，入庵为尼，在清幽之地静修度过余生。

在民族危难的时刻，那些高官显贵、重臣大将都将自身利益置于国家兴亡之前，而一个弱女子表现出的非凡的民族大义，给这段黯淡的历史增添了一抹亮色。

慧黠多才——董小宛

明清两朝秦淮风月名噪一时，作为名震秦淮的"金陵八艳"之一，素有"艳冠群芳"之称的董小宛风姿绰约，窈窕婵娟。她通诗达词，博览典籍、画技超群、歌舞俱佳、引得名公巨卿、豪绅商贾争相为她散尽家财。她生性娴静不喜热闹，她和才子冒辟疆缠绵悱恻的爱情故事令人感叹，当时明代统治趋于灭亡，她和冒辟疆在战乱中饱经磨难。顺治七年（公元1650年），董小宛积劳成疾，香消玉殒，终年二十八岁。

神韵天然

董小宛，本名董白，字青莲，出身于苏州富庶人家，在苏州半塘附近开设董家绣庄，那里风景秀丽，青山幽幽、河水潺潺。在她幼年时绣庄生意兴隆，董白的少女时代并不用为生计所累，弹琴吟诗，品茗对弈，十分悠闲舒适。

董小宛十三岁那年，父亲病逝。此时已是明朝末年，天下陷入战乱纷乱，绣庄遭到伙计的暗算，面临破产，欠下了大笔的债务，董小宛的母亲急火攻心、卧病在床，生活的重担落到了年仅十五岁的董小宛身上。为了给母亲筹钱治病，她改名小宛，在别

人的引荐下,开始了南京秦淮河畔的画舫中卖艺的生涯。

一个是享誉秦淮一带的绝色女子,一个是成长于文化世家的名门公子,董小宛与冒辟疆早就在与其他名流欢宴时听闻过对方的盛名,未曾谋面却相互钦佩、暗生情愫。

崇祯十二年(公元1629年),乡试落第的冒辟疆感叹仕途不顺,前往苏州散心,听说董小宛就住在半塘,多次访寻,而这时小宛却流连在太湖洞庭山旖旎的湖光山色之间,二人无缘见面。在离开苏州前,冒辟疆又前往董家,初次相会于曲径幽兰之间,此时董小宛已酒醉,懒怠发言,但冒辟疆看到小宛眼波盈盈,神韵天然,心中不禁暗暗折服,世间竟有如此清丽脱俗的女子。

崇祯十五年春(公元1632年),董小宛遭受了田弘遇抢佳丽的惊吓,加上母亲去世,闭门谢客。冒辟疆从朋友那听说董小宛病中,前往探望,再三敲门,才得入内,揭开床帷,看见董小宛已气息奄奄。董小宛支撑着虚弱的身体,牵着冒辟疆的手说:"我十几天昏沉沉,如同坠入云雾中。今天一看到你,就觉得神清气爽起来。"

董小宛立即吩咐家人置办酒席,与冒辟疆畅谈欢饮,见

董小宛与冒辟疆像

她病体虚弱，冒辟疆几次提出让她早些休息，董小宛却殷勤挽留，两人直谈到夜色阑珊才分手。第二天，当冒辟疆二次登门时，董小宛的病容全消，欣喜地说："此番公子前来，妾身的病竟然不药而愈，看来与公子颇有缘分，万望公子不弃！"冒辟疆听了甚欢喜。就这样，在柳如是的帮助下，董小宛顺利赎身，与冒辟疆一同回到了他的家乡如皋。

冒辟疆与董小宛玻璃板像

冒辟疆纳十九岁的董小宛为妾，从此董小宛"却管弦，洗尽铅华，精学女红"。闲暇时，她经常与冒辟疆坐在画苑书房中，泼墨挥毫、吟诗作画、谈山论水，过着琴瑟和鸣的幸福生活。二人的生活浪漫而富有情致，超脱而不乏诗意，在如皋的水绘园，颇具闲情野趣的悬霤山房；立于浩渺烟波之畔的枕烟亭；空灵妙隐的碧落庐，处处留下了他们的倩影。

董小宛最爱清凉如水的夜色，她曾对冒辟疆说："我誊写谢庄的《月赋》，看见古人喜爱在夜晚欢宴，而不愿在白天。因为夜色清逸，青碧如水，月朗星稀，冰清玉洁，而红日当头的白天，熙熙攘攘，吵闹不休，二者相比真是天壤之别。有人在月亮还未升起就已经睡去，无福消受这暗香浮动的月色黄昏，而你我四季皆倾心月色的清辉，仙路禅关也就在静谧中畅通了。"夜阑人静，二人手执团扇，数流萤，对月吟诗。

董小宛素爱东莞名品"女儿香",冒辟疆最欣赏一种质地坚硬的沉香——"横隔沉"。当时人们熏香都是把沉香放在火上炙烤,烟气油腻且不能长久。董小宛则别出心裁,辟一幽静小室,垂幔悬纱,点点红烛,在香炉内点燃沉香,香气浸染被褥枕席,满室清凉,再和以董小宛的肌香,让冒辟疆感到身心舒爽、梦甜酣畅。

厨艺超群

夫妻间的日常生活是琐碎的,但是董小宛却有本事将日子过得精致而富有情趣。冒辟疆喜食甜食。董小宛就用梅花、野蔷薇、玫瑰、丹桂、甘菊制露,她采集清晨绽放的花瓣,汲取花汁渗入香露中,再以酸梅调味,花露喷香,酸梅醒脾,风味绝佳。

其中,最为人称道的是秋海棠露。海棠颜色鲜艳却没有香气,但是董小宛做的秋海棠露独独能散发异香。饮酒后,几十种

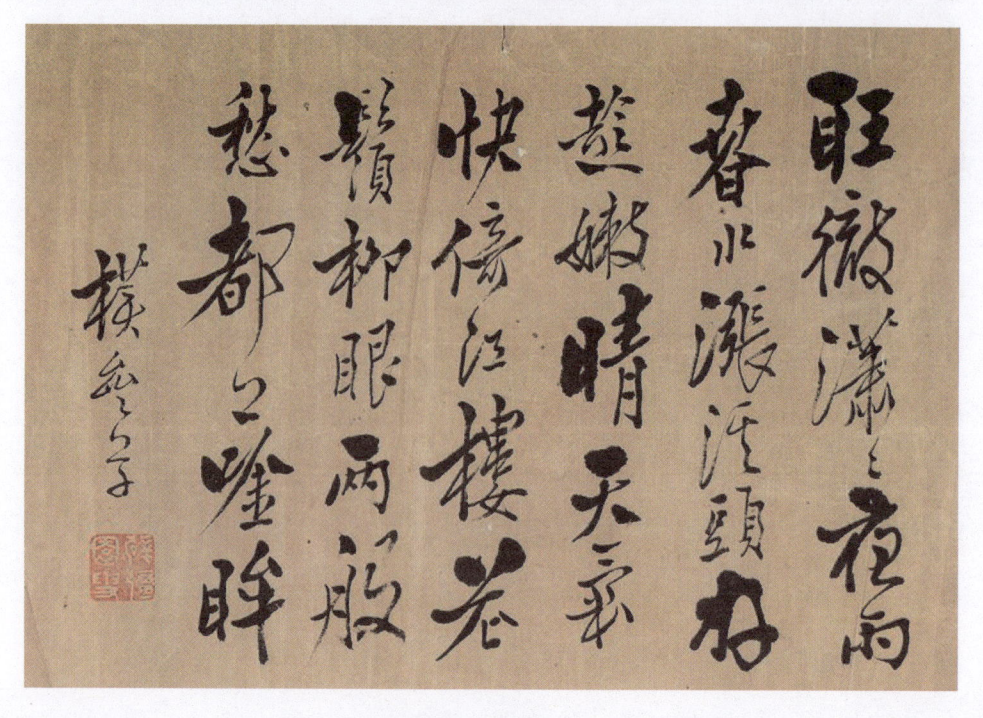

冒辟疆书法作品

花露以白瓷杯盛放于桌上，五光十色，暗香浮动，让人消渴解乏。董小宛还经常研究食谱，寻访美食的制作方法，再加以研究让美味重现。

现在人们常吃的"虎皮肉"，还有一个鲜为人知的名字叫"董肉"，出自董小宛之手，与"东坡肉"相映成趣。小宛做的火肉（熏肉）一点也不油腻，有松子味，鱼干能有麂鹿的味道。她以白糖、褪壳芝麻、甜美饴糖加精制面粉制成一种酥糖，取名"董糖"，温软松酥、香甜可口、甜而不腻、入口即化。

她亲手制作的桃膏、西瓜膏、菊花膏等都风味绝美。她亲手汲取桃汁、西瓜汁，剔去果丝瓜瓤，静静地守坐在炉边，用文火慢熬，待汁液黏稠，再加入白糖蜂蜜调味，令膏体看上去如琥珀晶莹剔透，还按口味不同熬制成浓淡数种，各色各味，绝不雷同。

小宛做豆豉也是做法丰富，将去膜黄豆淘洗九次曝晒九次，再佐以瓜、果、姜、桂等数种配料调味，豆豉成熟后，气味酣畅淋漓，豆瓣清晰可辨，令人垂涎欲滴。她还把市场上售卖的红腐乳削去表皮，加入秘制的调味酱汁进行反复烘蒸，使内部酥透，香气渗入，经她巧手烹制的红腐乳比福建建宁的三年陈腐乳还要略胜一筹。

随着李自成攻占北京，清兵入关南下，江南一带燃起熊熊战火。冒家一家老小只能抛却家产，逃难保全性命。战乱过后，冒家重新回到破败的家园，缺衣少食，度日艰难。董小宛精打细算，艰辛地维持着生活。然而冒辟疆却患上了下痢兼疟疾，陷入了病痛的折磨。

董小宛铺了一张草席在夫君床榻边，晚上就在草席上就寝，自己每天只吃一餐粗糙的饭食。董小宛在不面对冒辟疆的时候

就悲伤叹气，但在冒辟疆面前却温言劝慰。病中之人，常急躁，董小宛却逆来顺受，从不顶撞冒辟疆。只要他病中呻吟，马上起身察看：下痢就为他端盆擦拭；恶寒发作时，她将丈夫揽入怀中，用体温为他取暖；发热心烦时，她又为他揭被打扇，没有一丝厌倦。

冒辟疆与董小宛故居

一次，冒辟疆背上生疽，疼痛难忍，不能仰卧，小宛就夜夜抱着丈夫，让他俯卧在自己身上休息，就这样坐着睡了一百天。辟疆连续几场大病，使得小宛身体难以支撑，在二十八岁的芳华之年病逝。弥留之际，她手中还紧握着冒辟疆为她打造的镌有"比翼""连理"四字的金钗。因她生前喜爱梅花，冒辟疆将她葬在如皋影梅庵。

冒辟疆感慨说："你不是世间平凡的女子啊！我何以报答你呢？"他含泪写下了《亡妾董小宛哀辞》和《影梅庵忆语》，以此凭吊与亡妻之间的深厚感情。

从此，秦淮河畔的波光柳影、才子佳人的恩重情深，成为史上的一段佳话。

十能才女——薛素素

薛素素，字素卿，又字润卿，寓居南京。她蕙质兰心，才艺非凡，琴、棋、书、画、诗、弓、歌、舞、箫、绣等无不擅长，被誉为"明代十能才女"。她笔下的兰竹、花卉、草虫形态各异，又喜欢驰马挟弹，百不失一，自称女侠。

女侠英名

薛素素虽为女子，却有英气，以女侠自居，曾将弹珠置于侍女的头上，然后弹射击中，侍女还感觉不出来。她年少时常和一些游侠少年一同带着弹弓到郊外游玩，能连发两弹，后弹追上前

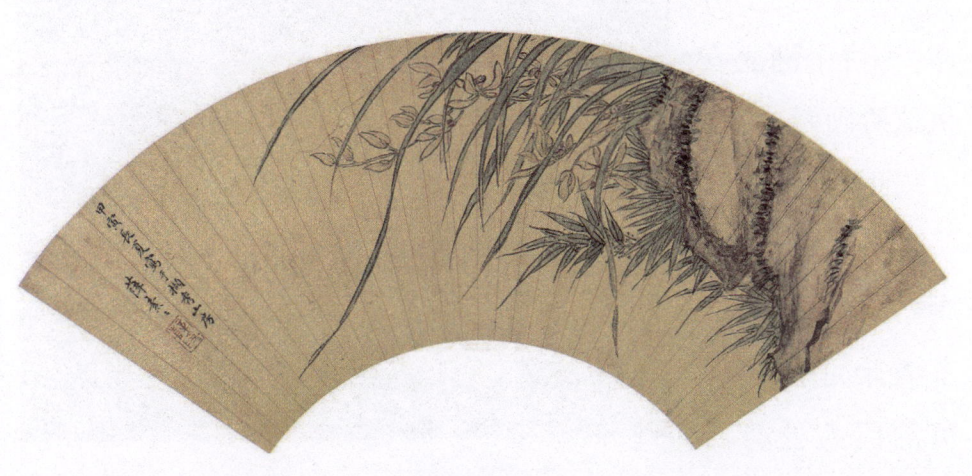

薛素素作品

弹,两弹同时掉落。在她经过的地方,围观的百姓将道路都堵塞了。

脂砚传奇

诗人王稚登曾送过薛素素一方砚台,这就是举世闻名的"脂砚"。

万历元年,苏州砚匠吴万有制作了一方端砚,这方砚台颜色润泽,小巧玲珑,里面的一点晕染与胭脂色泽相似,尤为娇媚。王稚登将这方小砚买下并刻上"调研浮清影,咀毫玉露滋。芳心在一点,余润拂兰芝"的诗句,其中暗含着素素的小字"润娘"。

据后人记载,此砚"砚质甚细,微有胭脂晕乃及鱼脑纹,宽一寸五分许,高一寸九分许。砚周边镌柳枝,旧脂犹存"。也许这砚台没有调墨,而是作为调胭脂之用,砚盒也十分精致,"珊瑚红漆盒,制作精致……盒上盖内刻细暗花纹薛素素像,凭栏立帏前,笔极纤雅;右上篆红颜素心四字,左下杜陵内史小方印,为仇十洲之女仇珠所画者。"

此后"脂砚"一直在世上流传,康熙五十五年,广东人余之儒从曹寅的门人处打听到曹寅嗜爱古董,

薛素素像

便出价三间瓦房，从薛素素后人手中买下了脂砚送给曹寅，请求曹寅为其求官。曹寅家世败落之后，脂砚由曹寅之孙曹天佑收藏，并于砚侧刻"脂砚斋所珍之砚，其永保"。

曹雪芹写作《石头记》（《红楼梦》别名），曹天佑以"脂砚斋"之名点评，从此脂砚之名世人皆知。曹家后来家世寥落，脂砚被典当，辗转来到了收藏家端方手里。端方携带脂砚到四川，在绵阳被乱箭射死，脂砚从此隐迹。

薛素素一生经历十分坎坷，她多次嫁与人做妾室。曾有诗云："良夜思君归不归，孤灯照客影微微。携来独枕谁相问，明月空庭泪湿衣。"描述了她遇人不淑，难得真爱的凄凉心境。

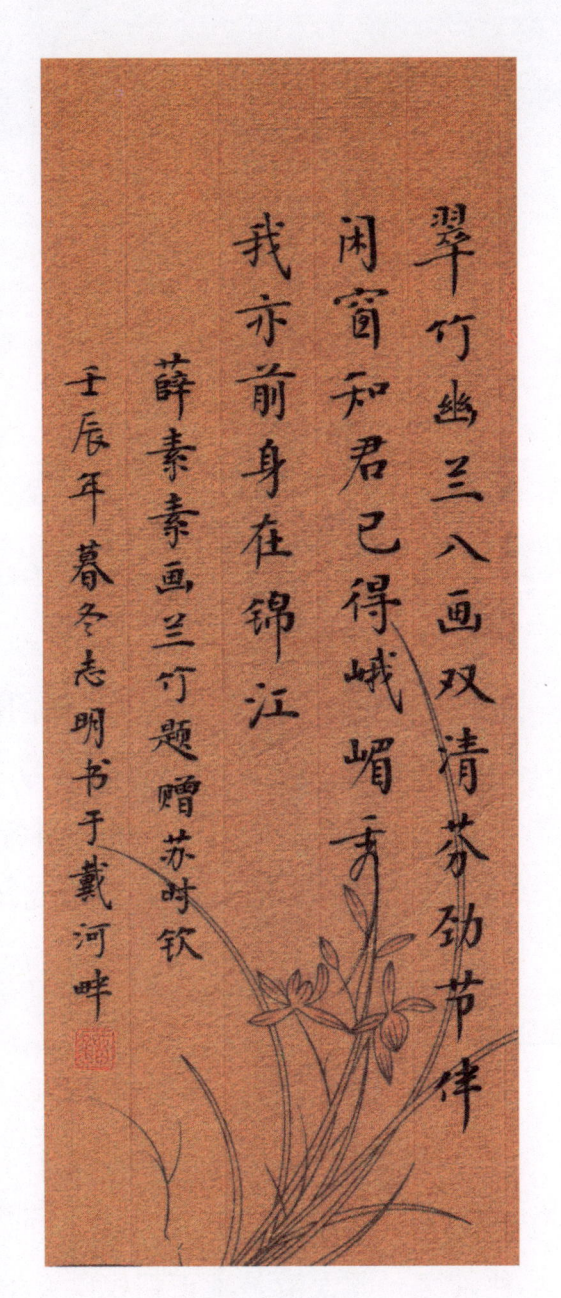

薛素素作品

清代才女——顾太清

顾太清，名春，字梅仙。道号太清，原姓西林觉罗氏，满洲镶蓝旗人，嫁给乾隆帝第五子荣纯亲王爱新觉罗·永琪之孙，荣恪郡王绵亿之子奕绘贝勒，成为他的侧福晋，婚后夫妇唱和，伉俪情深，因奕绘字子章，号太素，为与之匹配，遂字子春，号太清，自署太清春西林春，故以顾太清闻名于世。她被现代文学界公认为"清代第一女词人"。著作小说《红楼梦影》，也是中国小说史上第一位女性小说家。

天资聪颖

康乾盛世以后的满洲贵族，往往精于骑射，满腹经纶。他们接受了汉族文化的熏陶，写诗作词，从康熙、乾隆起逐渐成为一种风气。顾太清是雍正朝权臣大学士鄂尔泰之侄——甘肃巡抚鄂昌的孙女。但鄂昌因文字狱受牵连，被赐自尽，家道中落。顾太清这个高门贵女，就成了"罪人之后"。

这一冤案的影响到太清这一代已是三世。鄂昌死后，全家迁居北京西山一带。在顾太清十一岁时，父母双亡，家庭生活困难，颠沛流落于江南，由家在苏州的姑父姑母抚养长大。在江南秀美山水的浸润下，顾太清生得身段纤细，雪肌滑肤，如珠玉，秀若芝兰。姑父是个顾姓的汉族文士，在他的影响下，顾太清从小就学习诗词，凭着天资聪颖，所作诗词立意新颖，用词精巧，在江南闺秀文坛中堪称魁首。《名媛诗话》说她"才气横溢，援笔立成"。

顾太清年少时在香山居住，因其叔曾祖鄂尔泰三子鄂弼之女是乾隆第五子荣亲王永琪的福晋，太清便能够凭借亲戚的身份常到府中走动。而荣王府也对太清颇为照顾。当时荣王府想为府中的格格请一位老师教作诗文，无论从身份还是学识考虑，顾太清都非常合适，因此她每每出入荣王府，还时常因为路途遥远留宿府中。

荣亲王永琪之孙奕绘自幼喜爱诗文，经常与姐妹们在荣王府中的花园共同起诗社吟诗为乐。顾太清来到荣府居住以后，便时常与他们一同吟咏唱和。相处久了，一个风华正茂、才华横溢的青年才俊，一个温柔雅淡、锦心绣口的清秀佳人，彼此产生了倾慕之意。但当时朝廷规定，王公贝勒如纳侍妾，只能在本府中的侍女中选择，顾太清贵为满

顾太清著作

洲大族西林觉罗氏的族人；又是罪人后裔，如果婚配，男方便有革爵、获罪的危险。为了避开这个麻烦，奕绘便请求荣王府老府员顾文星，让顾太清假冒包衣之女。听到少主人这个违背礼法的要求，顾文星为了奕绘的锦绣前程着想，婉言劝阻。太清也只得含泪而返，两个有情人天各一方。

奕绘在《写春精舍词》中写过一首《念奴娇》，表达了他们彼此相慕苦恋，却又不得不分离的苦楚。顾文星因病去世后，他的儿子二等护卫顾椿龄不敢反对奕绘，太清遂以顾文星之女呈报宗人府，有情人终成眷属。

二人结婚后不久，奕绘的正室离世，奕绘把所有的宠爱都集中到了顾太清的身上，两人经常赋诗唱和。奕绘喜爱写词，而顾太清长于诗作，对词不甚熟稔。她便开始刻苦学习唐宋诗词，她本身悟性极高，又有十年的写诗经验，进步神速。不久，她不但能与奕绘以词相和，而且发展出自成一家的词风，她的词格调超逸脱俗，气势峥嵘豪迈，评论家认为"其词气足神完，信笔挥洒，直抒胸臆，宛如行云流水。"

顾太清像

太清追求志趣相投、灵犀相通、情智并举、两情相悦的婚姻生活。在城西太平湖畔的幽静居所中,有霏云馆、清风阁、红叶庵、大槐宫等园林胜景,是夫妻二人与众文友吟诗游玩之所。他们宴请文友,整日优游,吟风弄月,夫妻唱和,奕绘的诗集取名为《流水篇》,顾太清的则称《落花集》;奕绘的词稿名《南谷樵唱》,顾太清则以《东海渔歌》相对,极尽琴瑟和谐之乐。

名满清坛

顾太清一生笔耕不辍且涉猎广泛,创作涉及诗词、小说、绘画,尤以词名为胜。著有词集《东海阁集》和诗集《天游阁集》。清代文坛鼎盛,但有名气的满族文人不多,世有"满族词人,男中成容若,女中太清春"之说。成容若就是纳兰性德,是康熙年代的大词家,太清春则是顾太清了。

中国的文坛自古以来以男性作家为主,明末清初,部分思想解放的女子开始走出闺房,结社吟诗,但也是凤毛麟角。顾太清曾与当时京师的满汉才女结集秋红吟社,联吟诗词,是女性文学史上的亮丽一笔。

顾太清还著有小说《红楼梦影》,显示出其非同凡响的文采见识。《红楼梦》问世以来,续书多达三十余种,《红楼梦影》是其中较为出色的。小说中写道:宝玉离家出走,贾政出门找寻,后将其从一僧一道手中领回,宝玉最终学有所成,入为翰林,还与宝钗生有一子,他喜欢把通灵宝玉挂在儿子身上辟邪。但他对黛玉难忘旧情,在林黛玉逝世二十年时去潇湘馆祭奠,二人梦中相会,梦醒后宝玉方参透相恋之情如镜花水月,可望而不可即,怅然若失。小说中对贾府日常生活的描写惟妙惟肖,表现出燕京

的民俗风味。

然而天妒良缘，他们在度过了九年神仙眷侣般的日子后，年仅四十岁的奕绘突然身染重疾，离开人世。面对这个沉痛的打击，顾太清一时间难以接受，那一段时间，她深居简出、沉默寡言，每天只是照拂子女、思念亡夫。

转眼过了一年，杭州有个喜欢附庸风雅的文人陈文述，他教授一些女弟子吟诗作赋。这年他突发雅兴，出资为葬在西子湖畔的前代名女小青、菊香、云友等人修缮墓园，他的女弟子争相题诗赞咏，在当时影响很大。陈文述将诗集结成册，取名《兰因集》，还让自己的儿媳周云林去委托表姐汪允庄，向女性文坛之首顾太清求一首诗，为诗集增色。

汪允庄是顾太清曾经的闺中密友，但顾太清不愿附庸风雅，江允庄只好悻悻而回。然而，《兰因集》刊行后，里面竟赫然出现了署名顾太清的诗《春明新咏》一首。顾太清觉得冒名顶替的事情实在荒唐，便回赠了陈文述一首诗。讽刺了陈文述沽名钓誉的丑恶嘴脸，陈文述见诗后暴跳如雷，但又无可奈何。随着时光的流逝，顾太清逐渐从丈夫离世的阴影中恢复过来，太平湖畔的王府里又出现了文人雅士的身影。顾太清品性端庄肃洁，虽然是寡居之人，宾客盈门，却以诗词会友，颇有清高绝尘之资。在顾太清的诗友中，就有大文豪龚自珍。龚自珍出身于书香世家，才华横溢，著作等身。他的诗词灵动深峻，顾太清颇为欣赏。

太平湖畔离贝勒王府不远的地方有一片茂密的丁香树，每当花季繁盛，清香醉人，龚自珍时常流连其间，有感而发，作了一首《己亥杂诗》，很快就在京城文人中传抄开来。

当年曾被顾太清羞辱的杭州文人陈文述到了京城，他也看到了这首《己亥杂诗》,他没留意诗的内容,却刻意抓顾太清的把柄。既然大家都默认诗中的"缟衣人"是顾太清,而顾太清又名"春",陈文述就曲解诗意,散布谣言说"梦见城西门苑春",就是梦会顾太清,他言之凿凿,认为抓住了龚自珍与顾太清偷情的证据。

很快,京城里流言蜚语就传播开来。正是"人言可畏",龚自珍孤身离开了京城。顾太清难为自己辩驳,被奕绘与正室所生的儿子载钧逐出王府,在西城养马营租了几间破宅,自己和一双儿女暂且栖身,生活陷入困窘,难以维系。

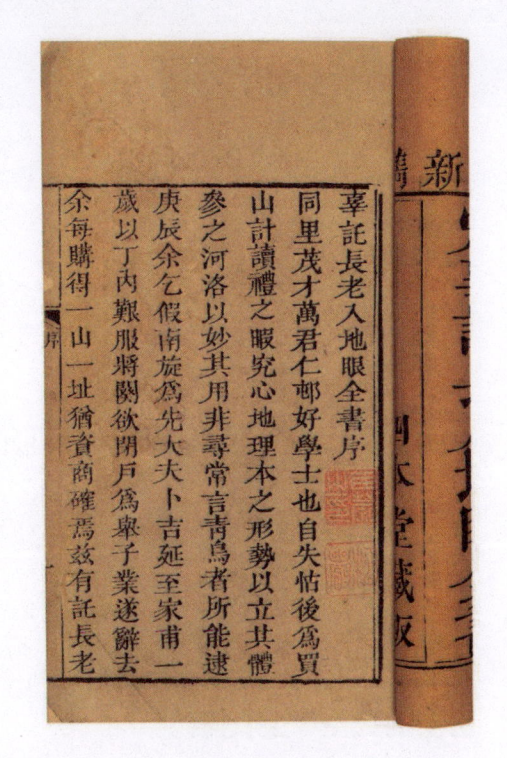

顾太清作品

后来,载钧病逝,她与奕绘的儿子载钊也已长大成人,授了爵位,顾太清和子女迁回荣府官邸。光绪三年,顾太清病逝,享年七十九岁。

顾太清的词造诣之高,题材涉猎之广,情感波动之深,后人难以超越,而她与奕绘夫妇间酬唱的作品,感情之浓烈,数量之庞大,更为中国文学史上所罕见,使她当之无愧地成为清代满族文学创作的佼佼者。

图书在版编目(CIP)数据

中国历代才女 / 李菁菁编著. -- 长春：吉林出版集团股份有限公司, 2014.10
（历史的天空 / 张帆主编）
ISBN 978-7-5534-5668-3

Ⅰ. ①中… Ⅱ. ①李… Ⅲ. ①女性－生平事迹－中国－少儿读物 Ⅳ. ①K828.5-49

中国版本图书馆CIP数据核字(2014)第221327号

历史的天空（彩图版）
中国历代才女
ZHONGGUO LIDAI CAINÜ

著　　者	李菁菁
出 版 人	吴　强
责任编辑	陈佩雄
开　　本	710 mm × 1000 mm　1/16
印　　张	10
字　　数	150千字
版　　次	2014年10月第1版
印　　次	2021年11月第3次印刷
出　　版	吉林出版集团股份有限公司
发　　行	吉林音像出版社有限责任公司 吉林北方卡通动漫有限责任公司 （吉林省长春市南关区福祉大路5788号）
电　　话	0431-81629667
印　　刷	鸿鹄（唐山）印务有限公司

ISBN 978-7-5534-5668-3　　定　价　45.00元

如发现印装质量问题，影响阅读，请与出版社联系调换。